□浙江大学环境与能源政策研究中心

China's Green Low Carbon Transition Development

浙江大学公共管理蓝皮书系列

China's Green Low Carbon
Transition Development

中国绿色低碳转型发展

郭苏建　周云亨　主编

ZHEJIANG UNIVERSITY PRESS
浙江大学出版社

前　言

　　低碳经济是以低能耗、低污染、低排放为特征的一种经济发展模式,它与工业革命、信息革命一样,将重塑全球发展模式。当前,中国尚处在低碳治理的初期阶段,要勇于探索,以市场机制与政府治理相融合为思路,走一条节能减排与经济增长协调发展的道路,更好地利用低碳经济带来的新市场、新机遇,来促进经济和社会的健康发展,并承担相应的国际义务,实现我国经济和社会发展的低碳转型。由此,在借鉴世界各国实践经验的同时,我们也要着力开展低碳治理制度创新研究,为低碳治理实践提供理论支持。

　　基于以上问题意识,浙江大学环境与能源政策研究中心与浙江大学公共管理学院于 2016 年 12 月 10 日在浙江大学紫金港校区共同主办了"低碳经济与制度创新"学术研讨会。会议邀请了国内外知名专家、学者和政府有关部门负责人与会,就低碳经济发展的重要理论和实践问题展开深入交流与讨论。来自高等院校、科研机构、相关产业的专家和学者围绕"中国的绿色低碳转型之路""低碳经济与绿色持续发展""低碳经济与能源转型策略""低碳经济与产业优化升级"等专题,展开了热烈、深入的学术讨论,并在此基础上编写了这部论文集。

　　天津大学管理与经济学部"千人计划"特聘教授,国家能源、环境和产业经济研究院院长、亚太政策研究会会士张中祥教授为此撰写了《绿色低碳经济转型中的中国:挑战与对策》一文。张中祥认为,近年来,中国先是确立了五位一体的发展方针,把生态文明建设与经济建设、政治建设、文化建设、社会建设放在了一个同等的高度,进而又确立了创新、协调、绿色、开放、共享的五大发展理念,其中绿色是非常突出的关键词。在这样的发展理念下,中国确定了很多能源环境方面的目标,同时也制定了一系列中长期的低碳绿色增长战略。基于以上战略及目标,中国也采取了一系列政策举措,这些政策举措包括一揽子的项目(计划),基于整体价值链的能源价格机制改革,包括煤炭、水、草原等资源在内的上游资源税改革,以及基于能源使用和处置阶段的碳定价机制、碳/环境税与碳排放权交易等政策举措。张中祥还认为,中国的低碳治理体制机制有其特殊性。但无论是政府主导型政策(项目)还是市场机制型政策(比如碳交易),都旨在达成一种经济发展与环境保护的和谐共赢。欧洲国家的经验表明,实施环境税是达成双赢的有效手段之一。相对而言,中国在该领域还有很大的进步空间。

在《中国能源行业的绿色低碳转型》一文中,国家发改委能源研究所原所长韩文科认为,推动全球能源绿色低碳转型的基本框架正在形成,巴黎气候协定的签订与生效促使全球主要经济体不断调整能源战略,绿色和低碳转型正成为国际社会的共识。而中国也在 2016 年的 G20 会议上提出了要实现绿色低碳转型发展目标,在韩所长看来,中国推动能源转型的最大动力来源于习近平主席提出的能源革命论。为了达到雾霾治理与应对气候变化的双重目标,他认为,中国到 2050 年非化石能源应当占能源消费总量的一半。除了继续寄希望于技术进步之外,他还认为中国实现能源转型的优势在于中国中央和地方的权力还在变动中,这有助于能源与环境政策的制定与实施。具体而言,由于煤炭行业体量大,减量生产和绿色转型是其必然趋势。与此同时,只有高比例的可再生能源电力才能实现转型和生态环境多目标最优。

生态文明国际论坛总监张海在《东北亚碳市场的合作与发展》一文中介绍了中日韩等东北亚地区国家碳市场的合作与发展情况。在全球气候变化问题日益严峻的背景下,碳市场的定价以及交易机制在全球不同地区都快速发展,东北亚地区作为世界碳市场版图中的重要地理区域,是全球关注的重点,统一的东北亚碳市场将带来巨大的经济效益与环境效益,对中日韩三国在气候变化治理中发挥积极的引领作用具有重要意义。就具体合作模式而言,他认为可以通过间接连接、增量连接、受限制的连接、互惠连接、直接连接等几种可能模式,有效推进东北亚地区碳市场合作。

美国俄亥俄大学教授李捷理撰写了《环境正义与低碳经济:社会可持续发展治理模式探讨》一文。他认为绿色发展的关键在于构建以环境正义为基石的价值体系,在此价值体系上建立起一个低碳经济制度,并建立政治、经济和生态三者相互制约、相互平衡的治理方式。依据美国的经验,一个融合了经济、生态与公平的三个"E"的综合理念,应成为环境正义绿色发展的价值核心。在绿色发展中,政府、企业、社区、非政府组织/社会运动等是主要行为体,民众在其中的角色是最弱势的,要实现环境正义,需充分发挥非政府组织、市民社会以及新社会运动在绿色发展过程中的制衡力量。

国家发改委能源研究所可再生能源发展中心副主任赵勇强在《国际可再生能源发展与全球能源转型》一文中对可再生能源发展寄予厚望。他认为可再生能源成本下降、全球能源投资重心转移、可再生能源规模化发展都促进了该产业的发展。尽管如此,要想达到 $1.5 \sim 2.0℃$ 的温控目标,能源行业仍需全面转型,加快行业深度减排。就中国而言,目前中央政府制定了到 2030 年前后二氧化碳排放达到峰值,非化石能源占一次能源消费比重达到 20% 的目标。要想实现这些目标,亟须克服能源基础设施的路径依赖、新建火电厂比重高、核电复兴受阻、交通部门能耗排放压力大等问题。对此,他认为未来能源行业的重要任务是加快推动近 10 亿千瓦的煤电机组转为灵活电源,以便为可再生能源为主的电力系统的可靠运行提供保障。

北京大学城市与环境学院陶澍院士在《温室气体和大气污染物减排策略》一文中首先分析了气候变化与大气污染之间的差异以及各自的危害,比较了这两大环境问题对应的气体清单,例如 CO_2、CH_4、N_2O、BC(黑炭)具有温室效应,BC、SO_2、NO_x、OC、$PM2.5$ 等大气污染物对人类健康造成直接威胁,而 BC 被认为既能引发辐射强迫,又会产生健康危害。尽管我国电厂和工业用煤量是家庭生活燃煤量的 20 倍以上,但是家庭生活炉灶排放的 BC 却比电厂和工业源多。由此可见,削减电厂燃煤量是 CO_2 减排的最重要举措,而对生活源排放加以控制则是减少 BC 等大气污染物的最有效的方式。陶院士指出,尽管中国目前是温室气体第一排放大国,但历史累积的温室气体排放对全球气候压力的贡献仅为 10%,且该比例短期内不会有很大变化。此外,他引述世界卫生组织的最新数据指出,室外空气污染对人类早死的贡献大概为 10%,远远高于水污染、食品污染等其他各类污染因素。在总结中,陶院士强调,在应对气候变化和环境污染方面,任何决策都要基于科学依据和现实国情审慎制定。作为尚存在大量贫困人口和不发达地区的发展中国家,我们只应承担与自身国力相当的国际责任。

中国人民大学环境政策与环境规划研究所所长宋国君教授的《城市煤炭削减政策评估——以石家庄市为例》一文则从对《石家庄市大气污染防治攻坚行动计划》(2013 年)的评估入题,介绍了城市低效燃煤配额交易实施方案的一些设想。宋国君认为,煤炭是商品,大气污染防治法是城市减煤的主要法律依据,但已有的法律法规还没有授权政府直接干预煤炭的使用;城市低效燃煤减量需要 10 年以上的时间,包括北京在内,城市减煤不可能在短期内实现预定目标;减少市区低效燃煤消耗具有减少二氧化碳排放和空气污染物排放的多重效益,因此,需要制定低效燃煤减量目标;发电、工业燃料/原料用户的煤减量是技术进步和污染控制要求(包括碳减排)的结果,低效燃煤配额核查可以替代污染物排放量的测量;供热(热水、蒸汽)和采暖等城市基础设施燃煤减量有多种方法,但政府通过制定减煤方案进行直接干预成本很高;构建燃煤配额交易或将成为实现低效燃煤减量的有效政策工具。

南开大学生态文明研究院副院长徐鹤教授在《气候变化背景下的行业碳减排研究——以电力行业为例》一文中首先强调了各部门协同合作对控制碳排放的重要性,指出高耗能高排放的低端产业向低耗能低排放的中高端产业转型升级,是发展低碳经济的大方向。其次,他对直接碳排放和间接碳排放进行了区分,指出如果只考虑直接碳排放,而不考虑跨界转移的隐含碳,则有违碳排放核算的公平性原则。徐鹤的研究旨在识别中国的主要耗碳行业,理清行业之间伴随产业链发生的隐含碳转移,并通过行业敏感性分析,寻求成本效益最优的碳减排路径。他的主要结论如下:第一,直接碳排放高的行业,往往是主要的碳输出行业,而碳输入行业对碳的实际需求很高,但是直接碳排放却比较低;第二,衡量行业的耗碳水平,不能仅仅关注行业的直接碳排放,而应从产业链的角度完整地测算行业的碳需求;第三,我国行业间的二氧化碳转移主要发生在电力、石油、冶金和建筑业、设备制造业等行业,例如能源行业输出的二氧化碳主要流向了建筑业;第四,对不同行业进行同等规模的调整,所产生的碳减排效果是不同的,建筑业效果最好,而主要碳输出行业则不理想。

浙江大学公共管理学院土地管理系主任吴宇哲教授在《面向低碳排放的能源转型策略:中国 2030》一文中写道,我国的 **GDP** 产值和煤炭消耗在全球中的占比不一致,2030 年左右将是中国解决能源问题的承上启下的关键时期。届时,中国人口将达到高峰,城市化进程步入稳定期。吴教授通过引入城市化因子,运用改进的 **Kaya** 恒等式分析了中国未来的碳排放情景。他指出,降低碳排放系数、优化能源和产业结构、改变居民生活方式是促进碳减排的重要手段。此外,政府、企业和人大所形成的治理结构亟待改善,特别需要加强人大对政府的监督作用。为支持地方政府转型,生产税主导向物业税主导转变越来越重要。吴宇哲呼吁建立环境正义的价值体系,实现人与自然和谐相处。

中国科学院地理科学与资源研究所张雷研究员与北京工业大学循环经济研究院李艳梅副研究员撰写的《中国产业结构演进节能潜力分析》一文从理论分析、国外实践、中国特征、潜力判断与结论建议五部分对我国的节能潜力进行了分析。他们认为,随着产业结构趋于成熟,一国的能源消费强度将呈现出倒 U 形变化。与英美等发达国家相比,我国的产业结构演进具有明显的后起工业化国家特征。通过对产业结构演进与能源消费关联度的分析,他们提出,我国政府应提高对产业结构节能的重视,将结构节能置于国家节能减排工作的首位,以最大限度地发挥结构节能减排的潜力。此外,政府还应该推动第三产业发展,改变第二产业占据主导地位的局面,以有效发挥结构演进的节能效应。

长安大学政治与行政学院副院长刘兰剑教授结合新近的产业政策之争,以《我国新能源汽车创新政策评估》为题,对新能源汽车行业中产业政策的绩效及其评价进行了实证研究。利用政策计量方法对产业政策与新能源汽车专利量、销售量、产业基础之间关系进行的研究表明,新能源汽车数量越多的城市往往也越重视该领域的产业政策,新能源汽车领域的产业政策确实能推动技术进步,但新能源汽车补贴过高在一定程度上也导致了为获取高额补贴而进行虚假销售的骗补行为。同时,对各国的产业政策效果和技术水平的对比研究还表明,电动汽车技术中心在 2011 年从美国转移到了日本,而中国电动汽车的专利数量将有望在 2022 年达到 7% 并超过美国。总体上,尽管新能源汽车"弯道超车"的目标难以在短期内实现,但我国新能源产业政策仍然部分有效,未来要更加重视供给和环境类政策,并运用政策组合,以促进新能源汽车的推广和科技创新。

辽宁师范大学城市与环境学院副院长孙才志教授在《中国水资源绿色效率与空间溢出效应测度》一文中指出,过去对水资源的研究在理论基础、利用效率、产出指标以及信用评价方面都还存在不足,水资源绿色效率应该包括经济、社会和生态环境内涵三方面。应用 SBM 模型和 Durbin 计量模型对我国各省市水资源绿色效率及其空间分布格局和空间溢出效应进行测算的结果表明,我国上海、天津、福建等省市在各个时期水资源利用效率都较高,云南、陕西、甘肃、新疆等省区都较低,我国省际水资源绿色效率逐渐向分散转变,而且全局空间相关性减弱。由此可知,水资源效率内涵的扩展会对水资源效率的评估产生深远影响,未来要通过省际对口帮扶和交流来提高水资源利用效率,综合考虑经济发展与社会进步以及保护生态环境三个方面的内涵,协同推进新型工业化、城镇化、信息化、农业现代化和绿色化。

目　　录

一　中国的绿色低碳转型之路

一、中国的生态环境与农业

绿色低碳经济转型中的中国:挑战与对策

张中祥

(天津大学管理与经济学部"千人计划"特聘教授,国家能源、环境和
产业经济研究院院长,亚太政策研究会会士)

一、引　言

近年来,中国先是在党的十八大报告中适应人民群众对良好生态环境越来越迫切的期待,确立了"五位一体"地建设中国特色社会主义的发展方针,把生态文明建设与经济建设、政治建设、文化建设、社会建设放在了一个同等的高度,进而又确立了"创新、协调、绿色、开放、共享"的五大发展理念,其中绿色是非常突出的关键词。在这样的发展理念下,中国确定了很多与能源环境有关的目标,同时也制定了一系列中长期的绿色低碳增长战略。基于以上战略及目标,中国也采取了一系列政策举措,既有政府主导的旗舰项目和倡议,也有基于整体价值链的能源价格机制改革,包括煤炭、水、草原等资源在内的上游资源税改革,以及基于能源使用和处置阶段的碳定价机制、环境税与碳排放权交易等便于市场在资源配置中发挥决定性作用的市场机制型政策。但无论是政府主导型政策,还是市场机制型政策,都旨在达成一种经济发展与环境保护的和谐共赢。欧盟国家的经验表明,实施环境税是达成双赢的有效手段之一。相对而言,中国在该领域还有很大的进步空间。

二、能源与环境目标

1980—2000 年间,中国能源消费量只增加了 1 倍,却取得了国内生产总值(GDP)增长 3 倍的成就(Zhang,2003)。基于这二十年中国节能和二氧化

碳排放量的趋势,美国能源情报署(EIA,2004)估计,中国的二氧化碳排放在2030年之前不会超过世界上最大的二氧化碳排放国家美国(图1)。然而,进入21世纪以来中国的能源消费急剧增长,在2000—2007年间几乎翻了一番。尽管在上述两个时期中国的经济增速相差不大,但在2000—2007间中国的能源消费增长速度为前20年增长速度的两倍多。如此一来,中国在2007年成为世界上最大的二氧化碳排放国,导致中国面临的节能减排压力非常巨大。

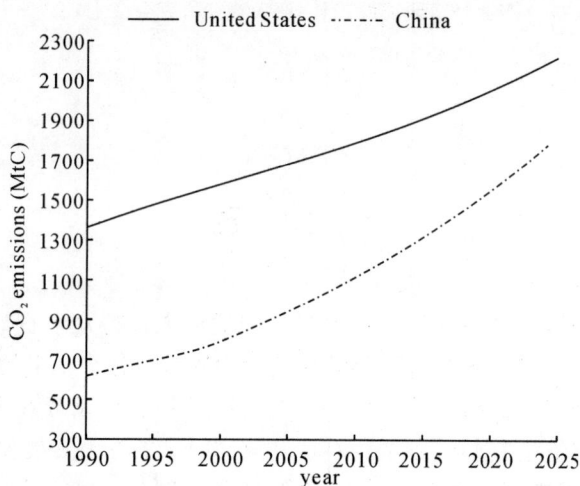

图1　1990—2025中国与美国 CO_2 排放量
来源:根据EIA(2004)数据绘制

　　从"十一五"开始,国家将投入约束纳入五年发展规划之中。五年计划是社会主义国家的特色,这类计划都是希望速度越来越快,产出越来越高,但是"十一五"是第一个真正把投入作为一个约束的五年计划,对中国的经济发展无疑会起到一定的制约作用。在"十二五"规划期间,中国首次将二氧化碳排放强度作为国内发展的承诺。此目标要求全国范围内的能源强度相比2010年下降16%(不同的省区下降幅度达到10%到18%不等),全国范围内二氧化碳强度下降17%(不同省区下降幅度达到10%到19.5%不等)。张中祥(Zhang,2011a,2011b,2011c)建议,中国在2006—2020年间碳排放强度削减目标可定为46%~50%。一旦该减排目标实现,中国2020年的绝对碳排放量将比基准线水平情景下低15%~21%,正好处于政府间气候变化委员会建议的发展中国家比基准线水平情景下减排15%~30%的范围内。

中国进一步强化和延展其承诺到 2030 年(表 1)。根据 2014 年 11 月由中国国家主席习近平和美国总统巴拉克·奥巴马所签署的《中美应对气候变化联合声明》,中国承诺到 2030 年左右二氧化碳排放达到峰值且将努力早日达峰,并计划到 2030 年非化石能源占一次能源消费比重提高到 20% 左右(White House,2014)。这些承诺已经正式列入中国向联合国气候变化公约秘书处提交的"国家自主减排贡献"提案之中。不仅如此,中国承诺到 2030年,单位国内生产总值二氧化碳排放比 2005 年下降 60%~65%。2016 年 3月,全国人民代表大会将其作为"十三五"规划的一部分批准了 2020 年相对于2015 年能源强度下降 15%、碳排放强度下降 18% 的目标。如果这些目标得以实现,中国将超额完成其在哥本哈根气候变化峰会上的承诺,且最终结果在很大程度上将位于张中祥(Zhang,2011a,2011b,2011c)建议的区间内。

表 1 2006—2030 年中国的能源和环境目标

时间表	目 标
"十一五"规划 (2006—2010 年)	单位 GDP 能耗相比 2005 年下降 20%(实际达到了 19.1%);削减二氧化硫排放 10%;关停小火电厂累计装机容量达 50GW(实际达到 76.8GW);通过千家企业节能行动计划,累计实现节能 1 亿吨标准煤目标(实际达到 1.5 亿吨标准煤)。
"十二五"规划 (2011—2015 年)	能源强度相比 2010 年下降 16%(不同省区的能源强度下降幅度在 10% 到 18% 不等),二氧化碳排放强度下降 17%(不同省区的排放强度下降幅度在 10% 到 19.5% 不等);二氧化硫排放量下降 8%,氮氧化物排放量下降 10%;通过万家企业节能低碳行动计划,累计节能 2.5 亿吨标准煤。
"十三五"规划 (2016—2020 年)	能源强度相比 2015 年下降 15%,二氧化碳排放强度下降 18%;能源消耗量不超过 50 亿吨标准煤;二氧化碳排放强度相比2005 年削减 40% 到 45%,替代能源满足全国能耗的 15% 的水平,风能总装机容量达到 200GW,光伏总装机容量达到 100GW。
2030 年	2030 年左右二氧化碳排放达到峰值并争取尽早实现,非化石燃料在能源消耗中的比重增加到 20% 左右,单位国内生产总值碳排放强度相比 2005 年下降 60% 到 65%。

中国政府首次提出控制碳排放总量的承诺目标与笔者 2009 年的研究成果和建言完全吻合。早在 2009 年哥本哈根联合国气候变化大会前,笔者曾应联合国政府间气候变化委员会减缓工作组副主席、威尼斯大学校长、普林斯顿大学经济学博士 Carlo Carraro 教授之邀撰写了《中国将于何时、以何种形式

承诺控制温室气体排放？到 2050 年的路线图》论文，后来被收录于他为政治学、法学领域顶级国际期刊 *International Environmental Agreements：Politics,Law and Economics* 主编的特刊号（Zhang，2011b）。该论文从经济学、政治学和全球均衡视角，论证和提议中国应承诺在 2030 年左右对自己的温室气体排放总量进行控制，并择时向世界宣布这一总量控制承诺。2009 年澳大利亚国立大学克劳福德公共政策学院 Stephen Howes 教授、韩国气候变化大使 Rae Kwon Chung 博士和美国彼得森国际经济研究所资深研究员 Gary Hufbauer 博士应邀为笔者针对哥本哈根气候变化峰会撰写、含有上述观点的 "Climate Commitments to 2050：A Roadmap for China" 政论文章作了书面评论，并与笔者的文章作为完整一期 *East-West Dialogue*，献给哥本哈根气候变化峰会（Zhang，2009）。笔者曾应邀就这些研究在国家发展和改革委员会能源研究所和国家气候中心等国家部委司长等全程出席的内部报告会上专门详细作过报告（胡婷，2011a，2011b）。研究内容发表在《国际石油经济》（张中祥，2009），*Energy Policy*（Zhang，2010a），*International Economics and Economic Policy*（Zhang，2010b），*Environmental Economics and Policy Studies*（Zhang，2011c）和 *International Environmental Agreements：Politics,Law and Economics*（Zhang，2011b）等国内外期刊上。

　　以这件事想强调，国内高校一直强调建设智库，总想着让领导批示，这是把研究工作往歧路上引，因为有没有领导的批示与研究的价值、意义和水平完全不画等号。应鼓励从事实证、政策研究的学者，研究应联系实际、更能全面反映现实问题。其实高校不太适合做短期热点问题研究，因为对中央领导和政府部门的想法和意图不太了解，对现实情况和问题的了解也远不如政府部门管理的研究单位，很难提出具体可操作性的建议。高校更适合做一些还没有进入国家、政府部门视野或还没有认真思考过的中、长期问题的研究，引导国家和政府关注这些问题。例如上面提到的笔者于 2009 年所做的控制碳排放总量的承诺的研究成果，若干年后经过政府部门详细论证后变为国家的承诺或政策。

三、减排政策与措施

　　中国已确立 2030 年左右温室气体排放总量达到峰值的控制目标。那么，这个 2030 年的目标是否严格？2030 年左右峰值多高？对此国家发改委并没有明确。根据笔者的判断,2030 年温室气体排放量控制在 100 亿吨内估计不大可能,把排放量控制在 110 亿吨内是一个可追求的目标。

中国正处在工业化、城镇化、现代化过程中,面临发展经济、消除贫困、改善民生、保护环境、应对气候变化的多重挑战。根据清华大学和 MIT 合作研究(Zhang,2014),在中国现有发展阶段和燃煤经济情况下,尽管已在实施严厉的节能减排政策,但中国碳排放量预计在 2030 年之后还会继续增长。即使中国信守在哥本哈根的承诺,自 2016 至 2050 年年均碳排放强度降低 3% 左右,其碳排放量也要在 2040 年才能达到峰值。承诺在 2030 年就达到峰值意味着中国需要至少提前十年实现目标。从这个角度讲,中国的承诺不能说不严格。

然而这个雄心勃勃的承诺并不足以实现在 2100 年全球地表温度升高不超过 2℃ 的目标。根据国际上一些有代表性的模型团队的研究结果(Carraro,2015;Tavoni et al.,2015),如果要避免这一状况出现,中国碳排放量需要在 2020 年就达到峰值才可以。而且不仅是 2020 年达到峰值,达峰后中国的排放量还不允许维持在这个高的水平上,而是之后必须以非常快的速度减少。从这个角度讲,中国的承诺又显得不够严格。当然如果按照控制温度升高不超过 2℃ 的标准,美国、欧盟等主要经济体的承诺也不够。因此,从这个意义来讲,中国在确定减排目标和计划时还须多参考一些科学依据,当然其他的经济体也面临同样的情况。

1. 政府主导型政策与措施

中国的能源结构以煤为主,因此控制煤炭消费对控制排放及早实现达峰目标至关重要。在煤炭的黄金十年,国内煤炭产量每年增长将近两亿吨,到了 2013 年煤炭产量增长只有 5000 万吨,2014—2016 这三年,煤炭总产量则在下降。国家在大力推进煤炭、钢铁去产能和严格控制排放,据此推测煤炭消费已达到峰值。在"十三五"规划期间,国务院出台的大气污染防治行动计划,要求发达地区和严重空气污染地区的煤炭消费量不应当再增加,事实上,这些地区的消费量绝对值应进一步降低,如果对煤炭是否已达到峰值还存疑的话,那么,煤炭消耗最晚在"十三五"期间达到峰值。达峰之后,减少的煤炭消费还需要用石油、天然气等其他矿物燃料来替代,虽然后者比前者清洁,但还是会排放二氧化碳,碳排放不会立即达峰。中国"十三五"期间的关键挑战就是采取各种协调措施确保"十三五"期间煤炭消耗尽快达到峰值,那么中国二氧化碳排放量估计会在 2025 年和 2030 年之间达到峰值。煤炭消耗达峰越早,碳排放的峰值就会来得更早一点。

　　中国工业能耗占据了全部能源消耗的70％,因此,工业部门对实现中国节能减排目标至关重要。中国于2006年4月启动了千家企业节能行动计划,涉及九个关键能源供给和消耗的工业部门、1008家企业。国家发展与改革委员会估计,在"十一五"规划期间,千家节能计划累计实现节能达到1.5亿吨标准煤,提前两年实现累计节约1亿吨标准煤计划目标。面对节能减排的严峻形势,国家进一步强化和扩展"十一五"规划期间效果显著的千家节能计划。作为千家企业节能行动计划的扩展版,2011年12月,国家发展与改革委员会联合其他11个部门制定了《万家企业节能低碳行动实施方案》,明确"十二五"期间,全国年综合能源消费量1万吨标准煤以上以及有关部门指定的年综合能源消费量5000吨标准煤以上的1.7万家重点用能单位要累计节约能源2.5亿吨标准煤。万家企业能源消费量占全国能源消费总量的60％以上。2013年12月,国家发展与改革委员会公布了2012年万家企业节能减排低碳行动方案的实施效果,其中3760家企业(25.9％)超额完成其节能目标;7327家企业(50.4％)完成其节能目标;2078家企业(14.3％)基本完成其节能目标;1377家企业(9.5％)未完成其节能目标。2011年到2012年间,万家企业累计实现节能量1.7亿吨标准煤,完成"十二五"万家企业节能量目标的69％(国家发展与改革委员会,2013)。

　　中国也在大力发展新能源。自新能源法实施以来,新能源发展非常快。2010年,中国可再生能源总装机容量为103.4GW,第一次超越了美国(总装机容量为58GW)而位列榜首(Pew Charitable Trusts,2011)。根据国家发展与改革委员会、国家能源局2016年11月发布的《电力发展"十三五"规划》,按照集中开发与分散开发并举、就近消纳为主的原则优化风电布局,有序开发风电光电。2020年,全国风电装机将达到2.1亿千瓦以上,其中海上风电500万千瓦左右,太阳能发电装机将达到1.1亿千瓦以上,其中分布式光伏6000万千瓦以上、光热发电500万千瓦。按照存量优先的原则,依托电力外送通道,有序推进"三北"地区可再生能源跨省区消纳4000万千瓦。

　　目前中国城市能源消耗占全国的60％,随着城市化水平越来越高,城市的能源消费也越来越多。因此,城市在节能减排方面扮演着非常关键的角色。中国自2010年7月以来,分两批在6个省和36个城市组织开展了低碳省区和低碳城市试点。这些试点地区占全国人口的40％左右,占全国GDP总量的60％左右,可以说规模是相当大的。各试点省、区、市研究制定低碳发展目标,规划低碳发展路线图,形成符合实际、各具特色的低碳发展模式。2015年国家发改委对各省(区、市)开展的碳强度评价考核中,列入试点的10个省

(区、市)2014年碳强度比2010年平均下降幅度约21.5%,显著高于全国平均15.8%的下降幅度。

在开始实施低碳省区和低碳城市试点的时候,国家并未要求这些试点省、市制定何时碳排放达到峰值的目标,后来试点省、区、市自发提出了峰值时间表,且一般都比国家2030年碳排放达峰值的目标更早。2015年9月在美国加利福尼亚州洛杉矶市举行的首届中美气候智慧型/低碳城市峰会上,北京、深圳、广州、四川等11个省、区、市共同发起成立"率先达峰城市联盟",承诺将提前达峰,北京、广州和镇江更承诺到2020年实现排放峰值,比国家达峰年份提前10年。2016年6月在北京举行的第二届中美气候智慧型/低碳城市峰会上,联盟成员增加到23个。这些省、区、市均公布了早于国家二氧化碳排放达峰目标的率先达峰时间,为中国落实2030年左右碳排放达到峰值提供支持。目前许多城市正围绕城市新区开发建设打造要求更高的低碳生态城,例如深圳国际低碳城、无锡中瑞低碳生态城等低碳城区。这些低碳城具有两个特点:一是大部分是新区;二是兼具产、城融合的功能,培育新的经济和就业增长点,全过程探索绿色低碳发展模式,实现产业低碳发展与城市低碳建设相融合,成为未来城市新城低碳发展的样板和标杆。

电力、工业、建筑和交通部门消耗掉全国大约四分之三的能源。对这些主要能源消耗部门,中国也做了大量富有成效的工作,并且继续努力控制这些部门的能源消耗。

以上是一些国家主导的行政措施。不难看出,以实施一些比较大的旗舰项目为代表的行政手段在降低能耗、缓解污染方面效果显著,但实际上并不具有经济效率。而且随着节能减排力度不断增强,绿色经济发展已经变成一个国家的发展战略,单纯依靠行政手段强制减排逐渐变得不可行,成本变得越来越高,越来越不现实,国家通过实现"十一五"规划节能目标已经意识到必须转向依靠市场手段降低污染物排放、建设生态文明。一方面,在决策权和事权越来越向地方倾斜的情况下,中央政府和地方的合作对实现目标至关重要。另一方面,为了实现2010年20%的节能目标,2010年下半年很多地方企业开四停三,或者开三停四,完全违背经济规律。研究发现(Qi,2011),"十一五"规划节能减排目标其实95%以上都是靠行政手段实现的,高效但没有效率。实现越来越严格的节能减排目标呼唤转向市场手段。同时,环境税、碳排放权交易等富有经济效率的环境市场化手段在一些经合组织国家取得了较好的实施效果,这为中国依靠市场手段、让市场发挥决定性的作用提供了一个比较好的样板和现实基础。

2. 市场机制型政策与措施

既然要市场在配置资源中发挥决定性作用,能源价格就要反映它的成本,包括从上游到下游整个产业链都要考虑,使得能源的生产者和消费者都能收到明确的信号。自 1984 年以来,中国能源价格改革的总体趋势,就是逐步去除由中央政府垄断定价的做法,转向一个更市场化的定价机制。不过,对不同的能源产品,相关改革的速度和力度差异较大(Zhang,2014)。煤炭价格市场化程度最高,但电力价格市场化程度最低,电价改革尤为滞后,基本上保持国家定价。为了鼓励节能减排,考虑现实情况,国家在电价控制方面也作了一些努力,比如采取歧视性电价、阶梯电价等环保型电价,但这些都是在国家控制的情况之下不得已的一些临时性的措施。其实真正要解决问题,还是要把外部效应内部化,通过价格反映外部性,提高资源配置效率。

既然要反映能源资源全部成本,首先就要从上游的资源税开始。中国从 1984 年开征资源税,对原油、天然气、煤炭、其他非金属矿原矿、黑色金属矿原矿、有色金属矿原矿、盐等税目按"从量征收"征收资源税。以西部大开发为契机,2010 年 6 月在新疆率先进行资源税费改革,将原油、天然气资源税由从量计征改为从价计征,2011 年 11 月起全国范围内实施。从 2014 年 12 月 1 日起,将从价计征改革逐步推广到煤炭资源税,税率区间为 2%～10%。各省可结合本地实际,提出征收资源税税率的具体方案建议,报国务院批准后实施。各省煤炭资源税税率差距比较大,河南省税率最低,为 2%,内蒙古自治区税率最高,为 9%。

资源税改革才刚刚拉开序幕。现有的资源税着眼于调节因资源本身的优劣条件和地理位置差异而形成的级差收入,税额高低主要取决于资源(如煤炭)的开采条件,与对资源开采地的环境影响并无直接联系,更没有全面考虑对资源开发地区环境的植被恢复、环境保护成本。另外,资源税的征税范围过于狭窄。如何拓展资源税,包括资源种类和如何征收都将是资源税改革的关键。比如中国水资源非常短缺,需要征收水资源税。国家决定从 2016 年 7 月 1 日起在河北实施水资源税试点工作,采取水资源费改税方式,将地表水和地下水纳入征税范围,实行从量定额计征。其他自然资源,比如说森林、海滩,还有草场,也需要纳入征收范围。但是对这些资源征税是按照面积来征,还是价格来征,现在学界尚无定论,不过国家也没有把路堵死,允许各省政府可结合本地实际,根据这些资源开发利用情况提出征收资源税的具体方案建议,报国务院批准后实施。

　　说到下游，则涉及环境税/碳税、碳排放交易。其实欧盟、美国和澳大利亚以及学界对这些市场手段的取舍都有过争论。2015 年 5 月应墨西哥前总统、耶鲁大学全球化研究中心主任 Ernesto Zedillo 教授邀请，作为 2000 年美国经济学会会长、哈佛大学经济系讲座教授 Dale Jorgenson 和 2014 年美国经济学会会长、耶鲁大学原教务长、耶鲁大学经济系讲座教授 William Nordhaus 等来自美国一流大学、政府、智库和国际机构之外仅有的几位应邀参会代表之一，笔者在耶鲁大学召开的全球碳定价高端会议、Zedillo 教授亲自主持的单元上以"Some Reflections of the National Perspectives for Carbon Price"为题作了发言（复旦大学经济学院，2015；Zhang，2015c）。修改后的发言稿，收录到 Zedillo 教授主编的论文集（Zhang，2015c）。Nordhaus（2015）教授支持全球统一碳税。2015 年联合国巴黎气候谈判进入关键时刻，笔者作为亚洲唯一获邀代表参加了诺贝尔经济学奖得主 Jean Tirole 教授等 40 位世界顶级经济学家联合发起的呼吁在巴黎召开的联合国气候变化大会上达成强有力的气候变化协议的签名倡议（天津大学新闻网，2015）。倡议和 40 位世界顶级经济学家的签名刊登在 2015 年 6 月 29 日出版的《法国论坛报》（*La Tribune*，2015）上。这个倡议呼吁在全球实施碳排放交易。

　　中国也不例外，在 2013 年就开始实施碳排放交易试点。2011 年国家发改委批准七个碳排放交易试点时，并没有说明为什么选择碳排放交易而不是环境税或碳税。笔者推测这与环境法有关。根据当时环境法，企业只有超标才违法。既然超标才违法，那么环境税/碳税要求每一个排放单位都需要交税，显然不符合环境法。2015 年 1 月修改的环境法实施以后，严格意义上实施环境税才有了法理基础。不过，实施环境税还需人大常委会通过立法设立环境税税目、讨论通过后才能实施，这些都需要时日，无法满足利用市场手段实现城市低碳发展的迫切需要。碳排放交易恰恰可以绕过实施环境税/碳税碰到的这些问题（Zhang，2015a）。

　　下面简单介绍一下七个碳排放试点。中国的改革一般都是先在小范围试点，然后逐渐推开。碳排放交易改革则与众不同，中国一开始就选择了深圳、上海、北京、广东、天津、湖北、重庆七个碳排放权交易试点省、市。这些试点既有北京、上海、深圳那样非常发达的地区，同时又有非常典型的中、西部地区，如湖北、重庆，也有制造业较发达的广东。笔者推测，国家发改委希望通过这些试点获得各类型地区改革的经验，从而将碳排放交易立即快速推向全国，而不像以前的改革在各类地区逐步试点后再逐渐向全国推广。

　　所有的政策一旦确定后，实施就涉及很多细节，这是政策成败的关键。这里面涉及的因素非常多,这些试点方案有不少共同点。比如,每个试点都是三年试点期,2013年到2015年。与欧美的碳排放交易一样,每个试点覆盖的排放占试点省市的总排放量比较大。但与欧美碳排放交易不同,每个试点的碳排放配额不是直接分配到一个电厂中具体的发电单元,而是分配给整个发电厂,这样就给电厂一定的灵活性、一个缓冲的余地。跟欧美碳排放交易还有一个不同处是,每个试点的间接碳排放,也就是生产电力造成的排放也纳入碳排放交易。针对像欧盟排放交易下碳配额价格波动比较大的问题,每个试点都建立了稳定价格的机制。当然,所有的碳排放都要经过第三方的核实。虽然从理论上讲是这样的,但各省市发改委从来没有公布过纳入控排企业的碳排放数据。

国家发改委给予这些试点地区根据自身特点量身定制碳排放交易计划的权力。因此,在诸如部门覆盖范围、配额分配、价格不确定性、市场稳定性、占优主体的潜在市场影响力、碳汇抵消的使用、执行和履约等方面,试点之间存在巨大的差异(Zhang,2015a,2015b)。比如,纳入控排企业的排放量,最小是深圳,只要年碳排放量达到3千吨二氧化碳当量就纳入碳排放交易体系;而门槛最高的湖北,要求能源消耗达到6万吨标准煤,也就是至少要达到12万吨二氧化碳当量的排放源才被纳入排放交易体系。另外,在省、区、市级这个水平较区域或全国更容易形成占主导地位的排放源,比如在上海,宝钢的排放占上海总排放量的20%;在深圳,华为、中兴都是大的排放源。每个试点都设计了机制来应对这些大的占优主体可能产生的潜在的市场影响。基本上每个试点也都利用储备配额来应对碳配额交易价格波动,但在什么情况下进行配额回购、什么情况下向市场投放配额以稳定交易价格,维护市场正常运行,各试点设置的可启动调控机制的交易价格不同。

北京、广东、上海、深圳和天津在2013年年底前分别启动了上线交易,且履约率还是非常高的。无论是按完成履约义务的企业数占所覆盖的全部企业数的百分比,还是按完成履约义务的企业所获得的配额分配量占配额总量的百分比度量,上海的履约率都达到百分之百。天津的履约率是最低的,按完成履约义务的企业数度量只有96.5%(见表2),这可能与其他试点地区都有比较严厉的惩罚机制,而天津只有未按规定完成履约义务的纳入企业3年内不得享受国家节能优惠贷款支持的相对比较软的惩罚机制有关。另外,北京的履约率仅比天津高,也略有一点意外,因为北京有国内最顶尖的研究机构,完全可以提供帮助控排企业制订计划等智力支持,为什么却只达到了97%的履约率?这主要是因为北京435家控排单位行业覆盖范围广、类型多,不仅覆盖了电力、热力、水泥、石化、其他工业、服务业等 6 个行业类别,还包括高校、医院、政府机关等公共机构。在公布的没有履约的名单上,既有北大、清华等高校和科研单位,也有外交部、住建部、公安部等国家部委,新华社、中央电视台这些大的媒体单位。一些大型央企如中石化,跨国公司如微软、诺基亚、联想,也没有履约。事实上,高科技公司、大数据也很耗电,美国大数据用电占全国的 5%,阿尔法狗下一盘棋要耗 2 亿度电。对用能预估不足导致低估了碳排放量和配额需求,造成北京的履约率比想象的要低。

表 2　2014 年履约周期 7 个碳交易试点履约率(百分比)

	以企业数度量[a]	以配额分配量度量[b]
北京	100(97.1)	100
重庆	—	—
广东	100(98.9)	100(99.97)
湖北	100	100
上海	100	100
深圳	99.69(99.4)	100(99.7)
天津	99.1(96.5)	—

a. 在给定碳交易试点,完成履约义务的企业数占所覆盖的全部企业数的百分比。

b. 在给定碳交易试点,完成履约义务的企业所获得的配额分配量之占配额总量的百分比。

注:括号中的数字表示 2013 年履约周期的相关数据。

另外一个观察到的现象是履约终期成交量上涨迅速、价格飙升。环境经济学讲通过排放交易以更低的成本激励减排,这个激励不是惩罚,排放交易不是惩罚机制,是帮企业以更低的成本完成减排。在履约期结束前一个月,深圳的配额成交量占全市一年履约期内总成交量的 65%,上海和北京更是分别达到其一年履约期内总成交量的 73% 和 75%。相应的,履约终期价格飙升。在履约责令改正期的最后一周,北京市场价格接连上涨,其中线上交易最后三日成交均价分别为 54.72 元、56.87 元及 66.48 元,周涨幅达 24.5%。如果控排企业能很好地利用碳排放交易这个经济机制,在一年履约期内以更有利的价格购买一年履约需求的配额的话,最后就不需要付出更高的代价在履约终期价格飙升时购买履约需求的配额来完成履约,从而降低履约成本。

2014 年全国 7 个碳排放交易试点全部上线交易。深圳、北京、上海、天津和广东已经历了第一个履约年,控排企业对碳交易也有了完整的切身体验,包括碳数据收集、报告、核查,开设和激活账户,领取发放配额,配额评估,参与交易,上缴配额,完成履约等。第二个履约期履约情况更加理想,上海、北京、广东、湖北均实现 100% 履约率。比如,北京 2014 年的控排单位虽然由 2013 年的 415 家增加到了 543 家,但 2014 年的履约率达到了 100%。而 2014 年 6 月 15 日前,第一个履约年未完成履约的单位有 257 家,在责令整改期结束后,仍有 12 家单位因未按规定完成履约而受到处罚。重庆的首年履约实为 2013、2014 年度合并履约,即使履约最后期限比原计划推迟 1 个月,履约率仍仅为 70%。在 7 个碳交易试点地区中,重庆的发展水平较能代表中国大部分地区,因此重庆面临的困难说明碳交易从试点地区向全国推广绝不是一件容易的事情。

在 2015 年 9 月 25 日习近平主席与美国奥巴马总统于华盛顿会谈后再次发布的中美气候变化联合声明中,中国承诺在 2017 年推出全国性碳排放交易体系。根据国家发改委 2016 年 1 月下发的《关于切实做好全国碳排放权交易市场启动重点工作的通知》,首批进入全国碳交易市场的企业限定在石化、化工、建材、钢铁、有色、造纸、电力、航空八大行业。这些行业中的企业,进入全国性碳排放交易系统的企业实体门槛是年度能耗达到 1 万吨标准煤。预计有 7 千多家企业符合要求,2017 年中国碳市场启动初期的年度分配碳配额总量规模大约在 30 亿~50 亿吨,大约占到全国碳排放总量的一半。而目前全国 7 个区域性碳市场试点,到 2015 年底只涵盖了 2000 多家企业,年发放碳配额总量为 12 亿吨。目前全球最大的碳交易市场——欧盟碳交易市场的年碳配额总量为 20 亿吨左右。

国家发改委要求各地方主管部门于 2016 年 2 月 29 日前上报符合要求的企业名单,作为确定纳入全国碳排放权交易企业的参考依据。2016 年 6 月 30 日前上报每个企业经第三方核查机构核查的排放数据报告,以便国家发改委确定各地方的配额总量和分配方案。国家发改委原计划 2016 年 6 月底向国务院上报全国碳排放权交易配额分配方案。但自 2016 年 10 月起,国家才开始大范围启动配额分配工作。最近碳排放权交易配额分配方案才上报国务院,按照现有的规划,将不晚于 2017 年第二季度末完成配额分配,然后全国碳市场就将全面启动。

据国家发改委气候司介绍,国务院已批准了全国碳排放权交易总量和配额分配方案,但还没有对外正式公布。配额主要依据基准线法进行分配,企业将自身产量乘以公布的当年基准排放强度,就可以大致估计当年获得的配额。每年根据产量调整一次配额总量。

目前规范碳市场的是 2014 年颁布的《碳排放权交易的管理暂行办法》,这只是发改委的部门规章,约束力较低。为了确保分配到不同部门和地区的配额的可靠性,最重要的就是确保所有排放数据得到正确测量、报告和核实

(MRV)。因此,需要全国性的碳排放权交易立法,从而为碳排放权交易的设计和操作、MRV的执行以及对非履约企业实体的惩罚措施,提供统一的指导方针和办法。同时这一立法将排放配额定义为一种金融资产和环境可靠的减排量。如果碳排放交易立法不可能的话,至少需要确定《碳排放交易管理条例》为国务院条例,从而具有更高的约束力。

据国家发改委气候司介绍,在条例起草过程中,就全国地区间发展差异较大,在条例中应明确体现地区差异、区别对待的建议,国家发改委回应,全国碳市场如果要实现真正的流通,必须体现碳排放配额的等价性,在关键问题上应尽量采用统一的标准,避免自由裁量,将交易变成扶贫,使市场失去公信力。对北京市、山东省、陕西省等建议省市级免费配额分配方案不需要报国务院碳交易主管部门确定的建议,国家发改委认为,为保证全国范围内同一个行业内免费配额分配的一致性和公正性,避免地方保护主义,未予吸纳。对证监会建议在"交易产品"中删除碳期货,国家发改委认为市场需要保证活跃程度,国家政策也鼓励金融创新,应在条件具备的时候将碳期货纳入,这是国际上所有碳排放权交易体系的通行做法,故也未予吸纳。

《碳排放交易管理条例》明确全国碳市场将实行中央和地方两级管理制度。在国家层面,中央政府将主管全国性交易规则的制定,包括但不限于:明确排放交易体系的覆盖范围,设立度量,报告和核实,配额分配和协调不同省市之间履约规则的统一标准。在条例层面,省级政府将承担实施和执行规则的义务,包括但不限于:确定所覆盖的企业范围及其排放量,计算对所覆盖企业实体免费发放的配额。 一旦方案被中央政府批准,省级政府向这些企业实体分配配额并执行履约规则。当然,条例也给各省留下很大的余地,允许省级政府计划设定比国家规则更严格的准则。比如,它们可以扩大部门覆盖面与实体企业的覆盖范围,并执行更严格的配额分配规则。条例也明确了控排单位的责任。对在责令整改期结束后仍未按规定完成履约的,对不足的配额量,以清缴截止日前一年配额市场均价3~5倍予以处罚,同时在下一年度配额分配中予以扣除。具体处罚是3倍还是5倍,取决于超标的程度。逾期不缴纳罚款的,每日按罚款数额的3%加处罚款。

最后特别强调一下,把区域碳市场推向全国碳市场,仅是国家发改委的部门条例是不够的,至少一定要在国家层面有个国家条例。国家发改委起草的《碳排放权交易管理条例》已上报国务院,进入立法程序。但是根据国务院法制办公布的2016年立法工作重点,《碳排放权交易管理条例》并没有纳入2016年国务院法制办的重点,仅仅是列为可行性研究,这为后面的一些工作增加了不确定性。另外,既然是把碳排放交易从试点推向全国,如何处置 7 个试点市场累积的 1 亿吨剩余配额也是个非常关键的问题。如将这些配额存量从全国计划中扣除,很可能使区域性的碳价格崩溃为零。但如果允许这些配额全部或部分结转,同时保持它们的价值不变,就会使全国性的市场面临着一旦启动就出现天量超额供给的风险。这个问题如果处理不好,将对世界上最大的碳交易市场运行产生很大负面影响(Zhang,2016a)。

四、结　语

笔者认为,无论国家是采取政府主导型的政策,还是采取碳排放交易、能源价格改革等市场机制型政策,都旨在达成经济发展与环境保护的和谐共赢。

欧盟成员国的经验表明,实施环境税是实现双赢的有效手段之一。经济合作与发展组织国家从 20 世纪 90 年代开始已实施了一系列严厉的环境政策,比如环境税收改革、碳排放权交易体系。根据欧盟支持的一个大的跨国研究项目对欧盟内部 7 个国家实施环境税收改革十多年的评估(Andersen et al.,2007),实施环境税收改革的国家二氧化碳排放量是降低的,同时经济增长也提高了。也就是说,环境税收改革既改善了环境,又实现经济增长,这是政策希望真正取得的双赢目标。相对而言,中国在这方面总体来说还有很大的进步空间。

由于方方面面的原因,中国的环境问题还没有得到有效控制,有些还变得更加严重。前两年北京的雾霾非常严重,《中国日报》约我写了篇文章(Zhang,2016b)。文章结尾处我写道:如果在习近平和李克强领导下中国变成天蓝、地绿、水净的美好家园,历史将把他们的功勋如同毛泽东实现中国独立、邓小平让中国富强一样载于史册,也将是中共在他们领导下为后世留下的政治遗产。我想这是所有中国人的心声和期盼!

五、鸣　谢

本文是根据 2016 年 12 月 10 日笔者在浙江大学主办的"低碳经济与制度创新"学术研讨会上的主旨演讲整理而成。感谢国家自然科学基金面上项目(项目批准号:71373055)资助。文责自负。

参考文献

[1] 复旦大学经济学院.张中祥教授应墨西哥前总统邀请在耶鲁大学与世界顶尖学者研讨全球碳价协调问题[EB/OL].2015-6-4,http://www.econ.fudan.edu.cn/newsdetail.php? cid=8419.

[2] 胡婷.LCS举行中国减排目标及国际谈判战略研讨[EB/OL],(2011a)http://ncclcs.cma.gov.cn/Website/index.php? ChannelID=8&NewsID=2841.

[3] 胡婷.一次别开生面的小型研讨会[J],气候变化研究进展,2011b(4).

[4] 国家发展和改革委员会.2012年万家企业节能目标责任考核结果(第44号公告)[EB/OL].2013-12-25,http://www.sdpc.gov.cn/zcfb/zcfbgg/201401/t20140103_574473.html.

[5] 天津大学新闻网.张中祥教授应邀在巴黎参加系列高端会议[EB/OL].2015-10-27,http://news.tju.edu.cn/zx/jl/201510/t20151027_267375.htm.

[6] 张中祥.美国拟征收碳关税中国当如何应对[J].国际石油经济,2009(8):13-16.

[7] Andersen M S,Barker T,Christie E,et al. Competitiveness Effects of Environmental Tax Reforms (COMETR),Final Report to the European Commission[R],DG Research and DG TAXUD,National Environmental Research Institute,University of Aarhus,Denmark,2007.

[8] Carraro C. On the Recent US-China Agreement on Climate Change[EB/OL],2015-01-19,http://www.carlocarraro.org/en/topics/climate-policy/on-the-recent-us-china-agreement-on-climate-change.

[9] EIA. International Energy Outlook 2004[R],U.S. Energy Information Administration (EIA),Washington DC,2004.

[10] La Tribune. Pour un accord climatique ambitieux et crédible à Paris[EB/OL].2015-06-29,http://www.latribune.fr/opinions/tribunes/pour-un-accord-climatique-ambitieux-et-credible-a-paris-

488035. html.

[11] Nordhaus W D. Climate Clubs: Overcoming Free-Riding in International Climate Policy[J]. American Economic Review, 2015 (105),4: 1339-1370.

[12] Pew Charitable Trusts. Who's Winning the Clean Energy Race? [R]. 2010 Edition: G-20 Investment Powering Forward, Philadelphia,2011(03).

[13] Qi Y. ed. Annual Review of Low-Carbon Development in China 2011-2012[M], Social Science Academic Press, Beijing,2011.

[14] Tavoni M, Kriegler E, Riahi K,et al. Post 2020 Climate Agreements in the Major Economies Assessed in the Light of Global Models[J], Nature Climate Change,2015(5): 2,119-126.

[15] White House. U. S.-China joint announcement on climate change [D]. Washington, D C,2014-11-11.

[16] Zhang X, Karplus V J, Qi T,et al. Carbon Emissions in China: How Far Can New Efforts Bend the Curve? [R]. MIT Joint Program Report No. 267, MIT Joint Program on the Science and Policy of Global Change, Massachusetts Institute of Technology, Cambridge, MA,2014.

[17] Zhang Z X. Why Did the Energy Intensity Fall in China's Industrial Sector in the 1990s? The Relative Importance of Structural Change and Intensity Change[J]. Energy Economics,2003(25),6: 625-638.

[18] Zhang Z X. China's Reds Embrace Green[J]. Far Eastern Economic Review,2007(170),5: 33-37.

[19] Zhang Z X. Climate Commitments to 2050: A Roadmap for China [R]. East-West Dialogue, 2009(4), (with responses by Stephen Howes, Gary Hufbauer and Rae Kwon Chung), Honolulu.

[20] Zhang Z X. China in the Transition to a Low-Carbon Economy[J]. Energy Policy,2010a,38: 6638-6653.

[21] Zhang Z X. The U. S. Proposed Carbon Tariffs, WTO Scrutiny and China's Responses[J]. International Economics and Economic Policy,2010b(7),2-3: 203-225.

［22］ Zhang Z X. Energy and Environmental Policy in China：Towards a Low-carbon Economy［M］. New Horizons in Environmental Economics Series，Edward Elgar，Cheltenham，UK and Northampton，U S,2011a.

［23］ Zhang Z X. In What Format and under What Timeframe Would China Take on Climate Commitments? A Roadmap to 2050［J］. International Environmental Agreements：Politics，Law and Economics,2011b(11),3：245-259.

［24］ Zhang Z X. Assessing China's Carbon Intensity Pledge for 2020：Stringency and Credibility Issues and their Implications［J］. Environmental Economics and Policy Studies,2011c(13),3：219-235.

［25］ Zhang Z X. Energy Prices，Subsidies and Resource Tax Reform in China［J］. Asia and the Pacific Policy Studies，2014（1），3：439-454.

［26］ Zhang Z X. Crossing the River by Feeling the Stones：The Case of Carbon Trading in China［J］. Environmental Economics and Policy Studies,2015a(17),2：263-297.

［27］ Zhang Z X. Carbon Emissions Trading in China：The Evolution from Pilots to a Nationwide Scheme［J］. Climate Policy，2015b（15）：S104-S126.

［28］ Zhang Z X. Some Reflections of the National Perspectives for Carbon Price⌊A⌋. in the former Mexican President Ernesto Zedillo（Ed.），Proceedings of the International Conference on Global Harmonized Carbon Pricing：Looking Beyond Paris，Center for the Study of Globalization，Yale University,2015c(05),27-28：8-15.

［29］ Zhang Z X. Policies and Measures to Transform China into a Low carbon Economy［A］, in Ligang Song，Ross Garnaut，Cai Fang and Lauren Johnston（Ed.），China's New Sources of Economic Growth：Reform，Resources and Climate Change，Australian National University Press and Social Sciences Academic Press,2016a：397-418.

［30］ Zhang Z X. Vital Steps toward a Greener China［N］, China Daily，2016b-10-23.

中国能源行业的绿色低碳转型

韩文科

（国家发展和改革委员会能源研究所研究员）

中国的能源行业已经开始了绿色低碳的转型。能源的转型既包括供应侧的转型，也包括需求侧和终端使用领域的转型。本文主要聚焦能源供应侧传统能源行业的绿色低碳转型问题。首先谈谈中国能源行业绿色低碳转型的推动力是什么，转型的优势和劣势是什么；其次，依次分析和展望一下中国的煤炭行业、电力行业、石油和天然气行业如何实现绿色低碳转型。

一、中国能源行业绿色低碳转型的动力、优势和劣势

中国能源行业绿色低碳转型的推动力，主要来自国际能源发展大势所趋和国内对能源革命、治理大气污染和强化生态文明建设等方面的合力推动。

从国际大势看，推动全球能源绿色低碳转型的基本框架正在形成。进入21世纪以来，绿色低碳发展的理念越来越成为国际社会的主流意识，加上全球金融危机以后，为实现经济复苏和新的繁荣，国际社会致力于探索新的全球治理机制和发展模式。许多经济体，特别是像欧盟、美国、日本这样的大经济体，都在不断地调整其能源战略和能源发展政策。调整的目标就是朝着绿色、低碳的方向发展，以减少对能源资源的过度依赖，减少对进口能源的过度依赖，减少对化石燃料的依赖，同时促进清洁的、可持续的能源资源的供应，构建适应未来的能源供应和消费体系。最近两年，过去对能源转型并不积极，甚至持极端保留态度的国家，其立场也在发生变化。比如，G20国家集团中的俄罗斯和沙特，在低油价和传统油气产业供应过剩的背景下，面对全球绿色低碳转型的大趋势，其立场和政策方向也有了一定程度的松动和转变。2016年10月，在土耳其伊斯坦布尔举行的世界能源大会上，俄罗斯总统普京在大会发言中就提到了要改变俄罗斯严重依靠石油和天然气行业的现状，要使俄罗斯的

能源市场更加多元化,使俄罗斯的能源产业更加多元化。沙特政府也在 2016 年的 4 月 25 日发布了由国际咨询公司麦肯锡帮助制定的沙特发展转型的 "2030 愿景";6 月 7 日,沙特政府又批准了国家转型计划(NTP),转型计划提出要在国家发展的投资、财政收入等领域减少对石油经济的依赖,要发展太阳能发电等新能源产业,从国家建设目标、经济发展导向和石油行业转型等方面推动国家转型。此外,应对气候变化的巴黎协定在 2015 年年底的签订和 2016 年的生效,也表明了全球主要经济体和主要国家对于绿色低碳转型达成了全球性的共识。巴黎协定锁定了把全球平均气温升高控制在 2℃ 的目标,为全球的绿色低碳转型提供了持久的动力。

中国一直是全球应对气候变化的积极参与者和推动者,中国提出了创新、协调、绿色、开放、共享的五大发展理念,以形成人与自然和谐发展和开创现代化建设的新格局。中国把绿色低碳发展作为国家发展战略的重要组成部分,并在 2016 年的杭州 G20 峰会上,向国际社会提出了推动全球绿色低碳转型的倡议。中国也在积极推动 APEC、G20 框架下的化石能源补贴改革,中国和美国在 G20 框架下率先开展了低效化石能源补贴同行审议,并在 G20 杭州峰会后公布了审议结果。G20 框架下消除低效化石能源补贴尽管已经在过去的领导人峰会上达成了共识,但是在许多国家实施起来却困难重重。中美作为全球最大的两个经济体、最大的两个化石能源消费国,率先行动以消除低效的化石能源补贴,这对其他经济体是一个极大推动和带动,也为全球的绿色低碳转型树立了榜样。目前,在中美同行审议的带动下,德国和墨西哥也正在积极准备开展同行审议。

从国内因素看,能源行业绿色低碳转型最大的推动力是习近平总书记提出的推进能源生产和消费革命的"四个革命"和"一个合作"。这是一个框架,是一个顶层的框架。详细内容就是习近平总书记在讲话中要求制定的"2030 年能源生产和消费革命战略"。这个战略将是中国党和政府制定的一个延续将近 15 年的中长期能源战略,其革命性也主要会体现在大力推进中国的清洁能源发展,推进中国的传统能源产业以及整个能源体系的绿色低碳转型。因此,它也是中国能源行业绿色低碳转型的持久推动力。

事实上,党的十八大以来,推动中国能源绿色低碳转型的政策框架更加完善和更有针对性了。除了推动能源生产和消费革命的中长期战略以外,还有关于生态文明建设和环境治理的一系列政策措施。还有一些直接和间接的推动力,包括应对气候变化背景下中国的温室气体减排战略和国家行动计划,应对经济新常态的宏观经济政策,尤其是推动供给侧结构性改革的一系列政策。

　　从能源发展的历程来看,中国的能源行业也到了必须实行绿色低碳转型的关键时点。2000 年以来,经过"十五""十一五"和"十二五"三个五年规划期的努力,到现在,中国基本上告别了自改革开放以来形成的敞口式能源消费模式。从中国的一次能源消费总量数据可以清楚地看到这种变化。20 世纪末的 20 年,中国的能源消费年均增长 4.4%;而新世纪的头 10 年,即 2000—2010 年,中国的能源消费年均增长 8.4%,高出同期世界年均增速(2.3%)的 2.6 倍。如果按照三个"五年规划期"的时间段来看的话,又可以更加清楚地看到中国能源消费增长速度逐步递减的趋势。"十五"期间(2000—2005 年之间),中国的一次能源消费年均增速高达 12.0%;"十一五"期间(2006—2010 年之间),中国的一次能源消费年均增速降到了 6.7%;"十二五"期间(2011—2015 年之间),中国的一次能源消费年均增速又进一步降到了 3.6%。2015 年一次能源消费增长速度不到 1%,2016 年预计增长速度会有所回升,但也不大可能超过 1.5%。因此,可以说中国的能源消费从总体上基本告别了敞口式消费的增长怪圈。中国从此也将进入寻求经济发展与能源供应关系和谐和脱钩的时期。这也为中国的能源行业彻底告别粗放式增长和外延式发展、实现绿色低碳发展提供了历史性的机遇。

　　从中国的国情和长期发展目标和趋势来看,中国今后的能源消费还是要增长的,但是增长的速度和增加量将会是非常有限的。根据我们近两年对中国能源生产和消费革命战略实施路径的研究,按照 2010 年的价格计算,中国将在 2014 年人均 GDP 5900 美元、人均能耗 3.1tce 基础上,到 2030 年时,人均 GDP 增长到 1.5 万美元,人均能耗增加到 3.9tce;到 2050 年时,人均 GDP 可能进一步增加到 3 万美元,人均能耗维持在低于 2030 年水平的 3.8tce。详细结果请参见图 1。

　　根据研究结果,中国的人均能源消费的最高值可能出现在 2030 年至 2040 年之间,为人均 4.2tce;中国的能源消费峰值也会出现在这一时段。结果也同时表明,中国的化石能源消费峰值和二氧化碳排放峰值会出现在 2030 年之前。

　　在此基础上,我们也对中国未来能源转型的前景作了各种研究。2009 年,在中国修改《可再生能源法》的时候,根据当时的研究,如果中国一直坚持大力发展各种非化石能源的政策,持续不断地努力,到 2050 年的时候,可再生能源和核电,即所有的非化石能源可发展成为主流能源,在中国的整个能源消费中可占到三分之一,化石能源中的煤炭和油气各占三分之一。但是这几年中国大部分地区雾霾严重,又加上应对气候变化锁定了 2 摄氏度的温升目标,

Energy Consumption
per Capita(tce)

GDP Growth Rate (%)

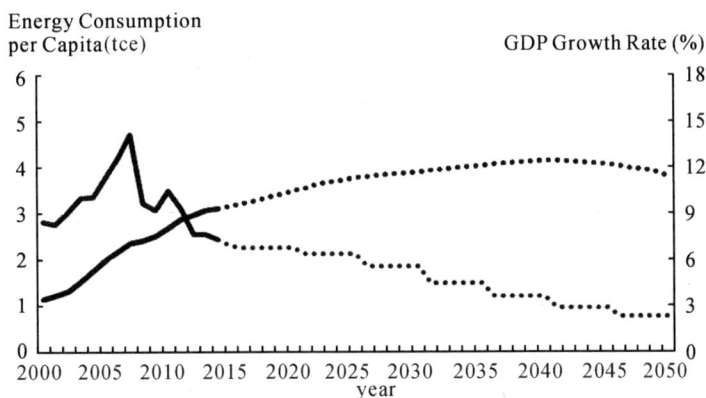

图 1　2000—2050 年中国人均 GDP 增幅及人均能源消耗量

显然化石能源到 2050 年时若占三分之二比重,其消费总量依然很大,实现不了美丽中国的生态环境目标,也达不到尽早治理雾霾、改善大气质量的要求。因此,最新的情形是,以能源生产和消费革命为推动力,以生态环境改善为硬约束,以大力推动能源技术革命和能源转型等为路径。根据最新的情景,到 2050 年,非化石能源的比重可以达到 35%以上甚至 50%以上;2030 年前可实现碳排放峰值,峰值水平在 110 亿吨以内,到 2050 年排放总量将显著下降;一次能源结构将发生革命性的变化,煤炭消费将从“十三五”开始进入较显著的下降期,其占比到 2030 年和 2050 年可分别降到 50%以下和 30%以下。

　　这种情景有没有实现的可能性? 根据相关研究,这种情景实现的可能性非常大。首先是能源技术革命在不断地发生,也可以说每天都在发生。我们看到,自美国的页岩气革命发生以来,能源供需两侧不断出现新的技术和新的业态。为什么会频繁发生技术上的革命性变化? 主要是新的信息技术、制造技术、材料技术等各种各样的先进技术不断地渗透到能源领域,促生出很多新的能源开发和利用技术。这些新的能源开发和利用技术首先使得人们可利用的能源资源大大增加,突破了传统的资源约束。比如页岩气技术,极大地增加了可开发利用的天然气资源;页岩油技术、深海采油技术大大增加了石油资源,而且在页岩层里面还可能开采出饮用水,大大增加淡水资源。而且,过去认为不节能、不环保的东西,应用新的技术,可能就变得节能环保了。还有就是改变人类的生产和生活方式,比如说电动车、无线充电、智能型用能终端、智慧能源网络等。

　　中国实现能源转型,机遇和挑战同时存在。总体来讲,机遇对中国是巨大的。机遇巨大,主要是因为我们现在是一个很大的经济体,又处在发展壮大之中,新增的市场空间可以更容易地容纳技术创新和商业模式创新的成果。同时,中国又是一个发展中的经济体,我们的能源产业大多是在近十多年发展壮大起来的,我们可以更容易从制度和运行机制上吸取最新的技术革命成果和新的理念。比如,在碳减排方面,中国不仅要在 2017 年建立碳排放交易市场,依靠市场的力量推进碳减排,而且中国已经在过去的"五年规划"中,通过实施"节能减排"等政策措施,把推进节能和降低能源消耗,减少污染物和二氧化碳排放与调整经济结构、限制高耗能产业发展等政策结合了起来,且已经取得了一定的成效,形成了一定的制度性优势。今后,通过不断地推进能源体制革命,中国的能源体制机制将能更加适应绿色低碳发展,为能源行业的绿色低碳转型提供根本性的保障。

同样,能源转型的挑战也是巨大的。比如说传统的能源产业就是一个"拦路虎",要作出转变就很难;新兴的行业要不断地加大技术创新、降低成本,也是非常难的。

二、中国煤炭行业的绿色转型

中国煤炭产量多年来高居世界第一。2015 年,中国煤炭产量 37.3 亿吨,根据 BP 能源统计,占全球煤炭生产总量的比重为 47.7%。而其他主要产煤国家所占比例都大大低于中国,美国为 11.9%,印度为 7.4%,澳大利亚为 7.2%,印度尼西亚为 6.3%,俄罗斯为 4.8%。2015 年,中国的煤炭产量比上年减少 3.6%,全球总产量比上年减少 4.0%。

中国的煤炭行业体量大,煤炭行业要实现完全的低碳转型,是难以做到的。煤炭行业只能绿色转型,同时减量化生产,减量化生产结合绿色转型是必然趋势、必由之路。

根据这几年的政策调整,中国已经把实现煤炭转型发展作为实现国家能源转型发展的立足点和首要任务。煤炭的转型发展,首先是要清洁高效地开发煤炭资源。具体来讲,就是要实施煤炭绿色生产,要既控制住煤炭产能增长,又要去掉过剩的和不适合继续生产的产能,主要方向是要限制高硫、高灰、高砷、高氟煤炭资源的开发。要推动煤炭资源在减量的基础上更加科学地开发,推动建设安全高效、绿色现代的煤炭开发利用体系。煤炭减量化生产是大势所趋,但要实现更加科学化的减量开发,就要根据各地区煤炭赋存区的不同条件,按照资源与环境的双重约束,重新制定煤炭产业布局和产能调整规划。在煤炭资源绿色开采方面,要推广煤矿保水开采、充填开采等新技术,减轻采空区土地塌陷,只有这样,才能倒逼煤炭行业实现绿色开发。同时,要从对生态和环境整体影响大小的角度,重新审视煤炭资源综合利用政策的方向和着力点,推动实现煤炭资源经济高效开发。还要实施生态恢复治理,促进产业上下游融合,加快富煤地区和资源枯竭城市转型。

　　其次,是加快实现煤炭的集中使用,加大力度替代散煤,以大力推动煤改气和煤改电为动力,推动煤炭减量化使用。要禁止劣质煤(相对劣质)直接燃烧,力争到2020年全面实现燃煤锅炉污染物排放达标,并在大气防治重点区全部淘汰落后的燃煤锅炉。在大力推进煤电超低排放等煤炭清洁燃烧和污染治理技术的同时,加快淘汰低效燃煤小锅炉和窑炉。同时,推进煤炭分级监管,实现煤炭使用精细化管理。

三、中国电力行业的绿色低碳转型

　　截至2015年年末,中国的发电装机容量150828万千瓦,比上年末增长10.5%,当年新增装机1.421亿千瓦。在150828万千瓦电力装机中,火电装机99021万千瓦;水电装机31937万千瓦;核电装机容量2608万千瓦;并网风电装机12934万千瓦;并网太阳能发电装机4318万千瓦。中国的电力装机约占世界总量的22%。2015年,中国的发电量58106亿千瓦时,比上一年增长0.3%,其中火电40972亿千瓦时,占73.1%;水电11143亿千瓦时,占19.9%;核电1695亿千瓦时,占2.3%;风电1851亿千瓦时,占3.3%。

　　中国的电力行业从电力装机规模看,已经是世界上最大的,到2016年年底,电力装机将超过16亿千瓦。从目前的数据看,2016年中国年度新增的电力装机仍然会超过1亿千瓦。美国作为世界第二大电力市场,电力装机大约9亿千瓦。如果中国按照目前的速度继续发展下去,电力装机很快就会是美国的2倍。虽然电力装机这么大,但是大部分依然是燃煤的火电。所以,中国电力行业的绿色低碳发展的首要任务就是要把燃煤机组的比重降下来,同时还要逐步减少燃煤装机总量,使其能够满足整个国家绿色低碳发展和大气环境治理的要求。中国政府已经提出了要把煤电装机在"十三五"期间控制在11亿千瓦以内,同时到2020年使煤电装机占比下降到总装机的55%。但是最近几年,煤电装机扩张势头依然明显,在建和待建的煤电项目依然很多,成为中国社会的关注焦点。因此,今后取消和推迟一批煤电建设项目将是大势所趋。

　　而从长远看,中国要实现电力行业绿色低碳转型,必须持续地大力优化电源结构,使今后新增的电力装机主要以非化石能源装机为主。根据中国政府的相关规划,"十三五"时期依然是中国大力发展可再生能源等清洁的非化石能源的关键时期,非化石能源发电装机有望在 2020 年增加到 8 亿千瓦左右,占比接近 40%,发电量占比超过 30%。近年来,中国的电力消费相对于过去的高速增长,进入了较低的增长期。2015 年,中国的全社会用电量年增长仅 0.5%,但 2016 年以来增速回升,预计 2016 年的增长会接近 5%。但是同时我们也应该看到,中国的用电结构和电力需求增长动力已经发生了较大变化。现在,驱动电力增长的已经不是工业制造业,而是服务业和居民生活用电等。从趋势看,今后中国的电力需求可能较长时期会保持在年均 4%~5%。这样,要进一步优化电源结构,发展更多的清洁能源电力,就必须采取政策措施进一步压缩煤电空间,腾挪出更多的空间来发展非化石能源装机。

　　中国未来的电力发展面临多项选项,依照目前的电源发展路径不能满足严格的生态和环境保护要求,只有采用高比例的可再生能源电力才能实现转型和生态环境多目标最优。在高比例可再生能源情景下,到 2050 年可再生能源装机加上核电可占到总电力装机的三分之二以上。"十三五"期间,根据政府的规划,中国将新增风电 8000 万千瓦,新增太阳能发电 6800 万千瓦,到 2020 年,全国的风电装机将达到 2.1 亿千瓦以上,其中海上风电 500 万千瓦左右;太阳能发电装机将达到 1.1 亿千瓦以上,其中分布式光伏 6000 万千瓦以上,光热发电 500 万千瓦;生物质发电装机 1500 万千瓦左右。同时,将加快可再生电力外送通道建设和输送工程,推进"三北"地区可再生能源跨省区消纳 4000 万千瓦。核电也是中国电力今后发展的重点之一。"十三五"期间,中国计划核电投产约 3000 万千瓦,新开工 3000 万千瓦,到 2020 年核电总装机达到 5800 万千瓦。在核电的发展中,中国将加大自主核电示范工程建设,着力打造核心竞争力。

　　最近几年,全球范围内可再生能源开发利用成本显著下降。在中国,太阳能光伏发电和大规模并网风电有望在 2020 年实现平价上网发电。除了成本下降以外,高比例的可再生能源发展还依赖于电力体制改革,依赖于能够容纳更多的可再生能源电力的柔性化和智能化的电网。

四、中国石油和天然气行业的绿色低碳转型

最后简要谈一下中国石油和天然气行业的绿色低碳转型。2015年，中国的原油产量2.15亿吨，居世界第5位，占全球总产量的4.9%；中国的天然气产量1358亿立方米，也居世界第5位，占全球总产量的3.9%。因此，从生产端看，中国也是世界上重要的石油和天然气生产国。加上中国实施了油气行业"走出去"战略十多年，中国油气行业的对外投资和海外油气权益、海外油气产量均快速增长，油气业务遍布世界各地，中国油气行业的绿色低碳转型就更加迫切、更加意义重大。

实现中国油气行业的绿色低碳转型，从目标和途径上看，主要有以下几个方面。

首先是从发展理念上树立绿色低碳发展石油和天然气产业的理念。中国的石油和天然气产业从无到有、从小到大、从封闭式发展到"走出去"发展，取得了举世瞩目的成就，也为中国经济的高速发展和中国的国家能源安全提供了基本的保障。同时，中国油气行业也开发出了许多适合中国国情，同时也在世界上有影响的先进实用技术。但是，也应该看到，中国的油气行业仍然笼罩在粗放式发展的环境下，与国际同行相比，绿色低碳化发展的内生动力不足，体制机制缺失，技术水平跟不上。因此，需要从行业发展理念、企业发展战略、体制机制、人才培养、技术研发创新等方面系统地实施较大幅度的转变。

在具体的路径方面，在石油天然气开采方面，要通过强化环保政策和水资源、土地资源等约束，在提高油气资源勘探开采能力的同时，实现油气低成本绿色开发。

从现在的发展态势看，今后要确保国内原油产量和天然气产量在一定的水平，必须突破非常规油气资源勘探开发技术瓶颈，积极有序地推进非常规油气勘探开发，特别是加快致密油气的勘探开发和页岩气勘探开发；同时还要实现陆上深层和海上深海油气资源的规模化开发。

要建立石油和天然气行业发展的生态环境硬约束体系。例如，对已经开发的油气田和老油田的生产开发，要形成既鼓励开发又严格保护生态环境的政策规定，特别是要把对水资源、土地资源、周边生态资源的保护高标准化和透明化，要运用大数据等技术手段强化监管监督，强化生态环境约束。

中国油气行业转型之所以困难，主要原因就是目前石油行业的开采和生

产成本普遍太高,不适应当前和今后较低油价的大环境。解决成本过高问题与绿色低碳转型有必然的内在联系。比如,一些油田为了维持高产和增加产量,不断地增加注水,实际上是一种水资源的过度使用,而按照绿色发展的理念,应当更加合理地权衡利弊,重新作出选择。当然,实行关井限产是一个痛苦的调整过程。

其次,石油和天然气的加工利用也要实现环境更加友好、更低的污染物和温室气体排放,油品质量和燃油清洁标准应逐步提高,最终达到最先进的排放控制标准。

当然,中国油气行业的绿色低碳转型也依赖于油气行业的改革。油气行业进一步放开市场准入,进一步扩大市场竞争,就能进一步激发整个油气行业的活力,进而构建面向未来的油气供应体系和市场体系,最终实现绿色低碳转型。

参考文献

[1] 国家发展和改革委员会.加快推进供给侧结构性改革着力增加消费需求有效供给[R].国家发展和改革委员会网站,2016. http://www.gov.cn/xinwen/2016-09/06/content_5105747.htm.

[2] 刘倩倩.我国煤炭环境外部成本核算与内部化研究[D].中国环境科学研究院,2014.

[3] 能源研究所课题组.我国能源生产和消费革命实施路径研究[R].国家发展和改革委员会能源研究所研究报告,2016.

[4] 苏铭.煤电清洁高效发展[R].国家发展和改革委员会能源研究所研究报告,2015.

二　低碳经济与绿色持续发展

东北亚碳市场的合作与发展

张海

（生态文明国际论坛总监）

一、引 言

气候变化是全球共同面临的严峻挑战,2016 年的全球变暖速度仍在加剧,同时干旱、洪水、暴雨、冰雹等极端天气更加频繁,给全世界人民带来了巨大的生命与财产损失。

应对气候变化最重要的方式就是减少温室气体的排放,在全球化高度发展的今天,利用金融的手段来控制碳排放是一个有效的解决方式。经过多年的尝试,碳市场的定价以及交易机制在全球不同地区得到了快速的发展。2015 年签署的《巴黎协定》更为促进碳市场的发展提供了政策支持[1]。自2012 年以来,全球碳市场数量和规模几乎翻番。截至 2016 年,全球已有 40个州,23 个城市、地区、省（市）建立碳市场,碳市场总规模达 500 亿美元。从整体来看,碳定价机制占全球排放二氧化碳当量的 13%,约为 70 亿吨,相当于将 1800 多座火电厂关闭 1 年[2]。

作为世界碳市场版图中的重要地理区域,东北亚碳市场也是全球关注的重点。中国的碳市场规模居全球第二位,目前已经在 7 个城市、省份实现碳市场交易试点,同时将在 2017 年启动全国统一碳市场交易体系。日本碳市场已经有几十年的实践经验,主要依托发展中国家的减排项目积累来增加碳排放额,目前东京和埼玉县的碳市场已经统一交易。韩国在 20 世纪末曾是碳排放大国,现在已经转型为积极落实减排政策的国家,并在 2010 年绿色发展计划中建立了韩国第一个国家碳市场。

目前中国、日本、韩国都在专注于自己国内碳市场的建设,到 2020 年三国的国家统一碳市场将基本形成,因此在制度建设和市场规范化的初期,把握当下的时机,积极推动东北亚碳市场的区域连接,是一个理想的时间节点。

二、东北亚碳市场合作的重要性

从全球碳市场排放来看,中国的碳排放总量居全世界第一(21%),日本居全世界第五(3%),韩国居全世界第八(1%),中日韩三国的碳排放量总量占据全球25%,因此统一的东北亚碳市场将在全球占据重要份额[3]。而从经济角度来看,中日韩三国的经济总量占世界GDP总量的20%,根据世界银行最新数据,全球各地区收入增长幅度中,亚洲地区收入涨幅最大。因此作为全球经济发展与生态保护相协调发展的重要区域,推进东北亚统一碳市场对世界范围内的经济增长与生态保护具有重要的示范意义。统一碳市场的根本目的在于采用灵活的方式降低碳减排的成本,在此基础上推动东北亚统一碳市场将给中日韩三国的经济、环境以及战略带来巨大的优势。

从经济层面考虑,实行统一的碳市场可以扩大市场交易规模,分担三国行政成本,减少碳减排成本,进一步提高市场的流动性和高效性。同时,市场规模的扩大可以减少巨头公司对市场波动性的影响,减少突发事件带来的价格冲击,从而保证东北亚碳市场的整体相对稳定。

在环境效益上,统一的碳市场带来的环境共生效益,除了减少温室气体的排放之外,也可进一步避免东北亚地区的高能耗、高污染产业区域转移的发生。统一的市场机制,也将鼓励中日韩在未来更加注重科技进步和生态友好。

从战略角度看,统一的东北亚碳市场将会促进中国、日本和韩国彼此的区域合作,通过展示全球气候变化领导力的区域影响力,东北亚三国的碳市场区域合作将进一步促进其他方面多层次合作的展开,提升中日韩三国共同应对复杂国际挑战的合作水平和信心。

三、东北亚碳市场合作的推进

中日韩三国的碳市场连接,有多种国际机制可供参考,主要包括:①间接连接,通过共同的国际机制所提供的松散市场间联系,达到促使市场参与者减排的目的。②增量连接,认识到协调不同市场间的制度和方法的困难,从各个方面寻求逐渐融合碳市场,从而促进直接连接。③受限制连接,限制国内市场可接受的外国碳市场的数量和类型,并通过使用金融手段来确定排放单位的价值。④互惠连接,绕开谈判所带来的法律约束力,通过协议方式来使碳市场管辖主体互相承认彼此的减排单位。⑤直接连接,通过确定的法律框架,统一规范碳排放单位以及市场运作规则。

中日韩三国目前正在积极推动各自国内统一碳市场的建立,而对东北亚统一碳市场采用何种方式进行连接,取决于中日韩三国决策者的战略选择,也取决于中日韩三国的碳市场发展特点。

如何进一步推动中日韩三国统一碳市场的连接,本文提出以下五点建议:

1. 创建开放的碳市场

在中日韩三国碳市场的建立过程中,除了完善自身市场的制度和规则外,还要避免锁定和外界对接的可能性,避免完全统一设定碳排放上限和碳价格,从而创造相对灵活开放的市场,为未来的东北亚碳市场互连提供可能。

2. 逐步分阶段互连

中日韩三国碳市场的建立应该采取增量连接的方式,逐渐实现彼此交易单位的相互认可。同时采取互惠连接方式,建立相互协调且自愿的网络治理结构,避免法律约束力的制约,支持跨境排放交易。

3. 建立专家、参与者对话交流的平台

推进东北亚统一碳市场需要大批专家和参与者的长期合作,应该为他们提供稳定的对话交流平台,促进各利益相关方在政策制定和技术合作方面的对话交流。中日韩三国的信息互通、增进互信对于推进东北亚统一碳市场至关重要。

4. 初步碳市场的试点连接以及统一 MRV 体系

可以首先选定北京—东京—首尔作为试点,从中摸索建立政策和技术基础,探索经济、环境、战略效益。通过试点碳市场的统一互连,为进一步增进东北亚碳市场的彼此互连创造基础。未来中国的统一碳市场与现有的试点是完全不同的市场,全国统一碳市场必须坚持统一的标准:统一的 MRV(Measurement,Reporting,Verification)体系,统一的配额分配,以及统一的法律基础,并且参加碳交易试点的企业、地方政府以及第三方机构将在未来的

碳市场中继续发挥作用。2016 年 1 月出台的《关于切实做好全国碳排放权交易市场启动重点工作的通知》中明确规定了参与全国碳市场的 8 个行业,要求对拟纳入企业的历史碳排放进行 MRV,同时提出企业碳排放补充数据核算报告等。

5. 借鉴国际设计原则

在推进东北亚统一碳市场的过程中,可以广泛及吸收和借鉴国际优秀经验,如欧盟碳市场设计原则,同时结合区域特点进行优化运用。中日韩三国可以选择国际第三方机构,客观公正地协助三方共同推动相关准则的建立。

四、结　论

在过去的 2016 年,英国脱欧、美国大选、东亚和拉美地区纷争不断,展望2017 年,国际形势充满不确定性。此外世界经济复苏弱于预期,频繁的冲突事件对国际政治经济格局带来较大冲击。不确定的国际局势预示着全球治理体系需要寻找新突破,在气候变化问题上寻求更加广泛和有效的合作。而世界各国近几年在可持续发展目标与巴黎气候变化协定中所展现的高度合作精神与全球治理范式,则极有可能成为黯淡的国际政治与经济背景下珍贵的闪光点,给世人以希望。

"生态兴则文明兴,生态衰则文明亡。"推进东北亚碳市场的根本目的,在于促进温室气体的减排,推动联合国可持续发展目标,推动生态文明建设。因此统一东北亚碳市场的推进对于中日韩三国大国责任的展现和发挥气候治理方面的积极引领作用具有重要意义。

唯有真知,方有洞见照亮我们走向生态文明新时代的道路;唯有实干,方有经验丰富低碳经济与制度创新的行动,中国的生态文明建设需要广大学者专家的真知灼见,中国的低碳经济与制度创新之路需要全体社会群体的知行合一。

参考文献

[1] Group World Bank, ECOFYS. Carbon Pricing Watch 2016[J].

World Bank Other Operational Studies，2016.

［2］Ewine J. Road map to a Northeast Asian Carbon Market［R］. Asia Policy Society Institute，2016.

［3］United Nations. Adoption of the Paris Agreement［Z］. http://www. uncdf. org，2015. 12.

［4］World Resources Institute. CAIT Climate Data Explorer［R］，http://cait. wri. org，2015.

环境正义与低碳经济:社会可持续发展治理模式探讨

李捷理

(美国俄亥俄大学社会学与人类学系教授)

研究低碳经济和制度创新,首先是离不开以绿色为标志的社会可持续发展这一大范畴的,也就是说绿色发展是纲,低碳经济是目,纲举才能目张。绿色现在可是一个时髦词,当下美国的商品广告,家用电器、手表、鞋子等都喜欢加一个绿色图案或字眼,好像不加绿色标志就卖不出去似的。美国《新闻周刊》曾评论道,华尔街出现的新变化是华尔街人得出了这样的结论:要得到绿色(寓意财富——美元为深绿着色)就要自身成为绿色。①但是绿色发展的概念非常广泛,我们今天谈论低碳经济,这与社会可持续发展是息息相关的,绿色发展观是与传统的工业经济发展观全然不同的新理念,不光是在经济层面,还有生态和社会公正层面,这三者是否能达到平衡发展,需要在理论上进行探索,这样我们在政策制定和具体实践时才有纲可循,有目可张。因此,低碳经济和制度创新必须放在绿色可持续发展价值观这样一个广阔的视野下来审视。

(一)

首先,绿色发展是一个道德上的定义,在广义上说是一个道德载体,绿色发展观的核心在于构建以环境正义为基石的价值体系,并且在此价值体系上建立起一个新兴发展模式——低碳经济。人类历史证明,一个社会是否可持续发展,不仅仅关乎经济层面,而最为关键的是这个社会是否有一个强大稳固

---

① The change of Wall Street: The way to get the green is to go green[J]. Newsweek, March 15, 2007.

的道德体系来维系它的经济体制的健康运作。大家都知道,亚当·斯密被尊为现代资本主义市场经济鼻祖,他写过一本书叫《国富论》①,这本书奠定了自由市场经济体制的理论基础。但是很少人谈到他的另外一本书《道德情操论》,这本专著是先于《国富论》发表的,②《国富论》阐述的是一个让市场而不是政府来主导经济运行的理论,但是《道德情操论》被认为是为《国富论》作铺垫的,其基本观点是一个市场经济之健康运作,法律和契约只是表面上的规则,在交易中人们所自觉遵循的守信和诚实的道德准则才是市场经济中合同和契约能够真正行之有效的原动力,亦是约束市场不良行为之根本,也就是说,市场经济正常运作的关键点不是仅仅依赖法律和契约的力量,法律和契约只是社会的一个表层面,还有一个更深层面的运行机制,那就是植根于民众意识中的良好的道德操守,它是保障法律和契约行之有效的文化价值体系,也是支撑市场经济的基石。有些学者认为,亚当·斯密在构建现代市场经济时,也在构建融合商业、古典、基督教为一体的现代经济的道德价值体系。③其实,这里所称的"道德情操"就是社会上人们对某种价值观的认同,一种社会共识。同理,法国社会学家杜尔凯姆也写过一本《社会劳动分工论》④,他在书中也详尽阐述了传统社会和现代社会之区别,特别指出无论是传统社会还是现代社会都离不开一个道德价值体系的支持,这个体系的最基本表现是社会人群中的价值认同感(value-consensus)。从广义上说,这与古老中华文化中孔子所主张的"道之以德,齐之以礼,有耻且格"的观念是一脉相承的。⑤

　　鉴于此,我认为在低碳经济和绿色发展方面,首先要从文化道德层面上来认识,现在如果我们光谈低碳经济,只想着搞碳减排,而忽视在绿色发展价值体系上的构建,那么这种低碳经济即使形成了也难有可持续性,因为从社会学及人类学角度来讲,一个经济或政治制度的稳定必定有一个强大的文化价值体系作支撑,像美英等国的资本主义政经体制能够发展至今,基本上都有一个很强大的价值体系在维持,一旦这个价值认知体系发生动摇,势必会出现社会混乱。这也是我前文所述的,亚当·斯密的《国富论》和《道德情操论》必须放在一起读,才能读懂资本主义市场经济。我们今天所谈的绿色发展观,是一个

---

①　Adam Smith. The Wealth of Nations[J]. Economics Classics (EMP),1776/2013.

②　Adam Smith. The Theory of Moral Sentiments[J]. Economics Classics (EMP),1759/2013.

③　Ryan Patrick Hanley. Adam Smith and the Character of Virtue[M]. Cambridge University Press,2011.

④　Emile Durkheim,The Division of Labor in Society[M]. Free Press,1893/2014.

⑤　《论语·为政》。

全新的发展观,也是一个全新的道德价值观,同时也是新一轮的全民共识的凝聚过程,这是我们打造低碳经济的前提。

(二)

然而,在构建这个新的道德价值观上,我们要问一个关键问题:什么是绿色发展观的核心内涵?我认为这个核心是环境正义,因为环境正义包含了生态与社会这两个紧密依存并互相影响的实体,而这一依存关系恰恰是在现代化的经济发展中被我们长期忽视的。什么是环境正义?环境正义指的是人与自然之间的公平公正及和谐关系,以及人与人之间围绕生态关系形成的平衡。环境正义与社会正义是相关,如环境的非正义涵盖了一个国家内社会的阶级分层及对弱势群体的歧视,这在社会学上叫作环境种族主义(Environmental Racism),譬如美国的垃圾处理场绝不会在靠近富人区的地方设置,而往往集中在贫困社区,越有毒的垃圾堆放得越靠近少数民族区域或穷人社区。① 另外,在国际上,环境非正义表现在发达国家和地区对发展中国家和欠发达国家和地区的一种歧视,比如说外包污染,就是说把本国的污染企业或污染物通过外包形式转嫁到其他国家去。还有,在环境治理上政府对社会上弱势人群的歧视以及发达国家对发展中国家的"双重环境标准"也代表了环境非正义性的一面。② 所以说,绿色发展首先是建立在环境正义之道德观上的,这一正义观建基于对地球上所有生命的尊重,不仅仅是对人、对非人类动物的生命的尊重,而且是对所有有机生命体(如花草、树木、河流等)的尊重。因为我们生活在相互依存的同一生态圈内,绿色就是象征生命的可持续性,绿色发展可以说是在人类文明进化过程中应运而生的一种新常态,是社会发展的一个新阶段。

我们要突破自工业革命以来的传统发展观——认为科学技术无所不能,"人定胜天",将自然视为一个可以随心所欲操控和征服的物体,只要人们需要,人们愿意,自然界限是可以超越的,就可以在自然界索取任何想要的东西。这一理念也反映出人与自然之间的非公平、非正义关系。同样,我们也要突破

---

① See Luke W. Cole. From the Ground Up: Environmental Racism and the Rise of the Environmental Justice Movement[M]. New York University Press. 2001.

② See Laura Westra and Bill Lawson (eds). Faces of Environmental Racism: Confronting Issues of Global Justice[M]. 2nd edition, Rowman & Littlefield, 2001.

"先发展经济,再治理环境"的传统发展理念,因为我们知道代表此观点的"环境库茨涅茨曲线"理论并不能真正缓解日益恶化的环境,特别是被破坏了的生态存在无法修复的问题,生态临界阈值理论已为我们敲响了警钟,[①]所以"先发展,再治理"的传统发展观念已不再被接受。此外,技术创新也非解决人类生存危机的万灵药,发展是把"双刃剑",它在生物技术和能源技术上所带来的风险和不确定性也是有目共睹的,苏联切尔诺贝利和日本福岛的核电事故对当地生态所造成的危害据说是几百年也恢复不成原样,更不必说泄漏的核辐射对人类健康造成的致命伤害。当前对转基因食品的争议,对核能安全性的担忧,反映了人类自身对未来发展的迷茫。所有发生的这一切,都是传统现代化理论所无法解释清楚的,过去被认为是偶发事故,现在正在成为常态,这也是为什么后现代"风险社会"理论日益走红的根本原因。

　　从 20 世纪初到 21 世纪初的百年间,在现代化发展观念上,我认为是经历了三个转变阶段:第一个阶段是 20 世纪上半叶,单方面强调工业化,科技创新,推崇人类征服自然的能力,这一理念基本延续了"工业革命"以来之传统思维。第二阶段是 20 世纪下半叶,开始产生对过度工业化破坏自然生态的担忧,发出第一声呐喊的是美国人 Rachel Carson 于 1962 年出版的力作《寂静的春天》[②],由此带动了西方世界对现代化发展观的重新审视。20 世纪 90 年代,英国学者提出企业核算制应遵循"三重底线"(Triple Bottom Line)原则,或简称为 3BL,[③]其基本观点是企业做事,除了传统上要守住经济(利润)底线之外,同时也要守住环境(保护)底线,以及社会(责任)的底线,也就是说这三个底线应该纳入企业总成本的核算内。这一理念还为后来的"企业的社会责任"(Corporate Social Responsibility)之说作了铺垫。在进入 21 世纪后,也就是发展观转变的第三阶段,这一理念得到了更为广泛的运用和更新,扩展成为社会可持续发展观的三大核心区域,即我们所说的"三个 E"(Economy 经济,Ecology 生态,Equity 平等公正)。如果说"三重底线"的概念还只是把经济、环境和社会责任分开而论,那么到了"三个 E"的概念,经济、环境、社会公平已经作为一个相互依存、相互制约的整体来看待,联合国的人类发展指数就是建立在此概念之上的。1998 年诺贝尔经济学奖获得者阿马蒂亚·森将发展中的社

---

①　Groffman, P. et al. "Ecological thresholds: the key to successful environmental management or an important concept with no practical application?" [J]. Ecosystems, 2006, 9(1):1-13.

②　Rachel Carson. Silent Spring[M]. Houghton Mifflin Harcourt, 1962/2002.

③　Elkington, J. Cannibals with Forks: the Triple Bottom Line of 21st Century Business[M]. Capstone, 1997.

会公平公正诠释成一种自由即发展的理念(Development as Freedom),其含义是发展的真谛在于人的能力和权益的扩展以及有选择的权利和自由。[①]

所以,当我们谈论低碳经济时,不能只限于经济体制的改造与创新,而不考量社会的公平公正,本文前述的环境正义正是融合了环境与社会这两部分,因为这两者是不可分割的,环境是人类社会赖以生存的生态体。从社会学角度来说,环境正义与社会正义是相辅相成的,公平公正的问题不解决,那么低碳经济的可持续性将是难以维系的,因为财富分配不均,贫富差别扩大,会引发社会动荡。所以说构建一个绿色发展道德观,形成一个以"三个 E"为导向的全民共识,是我们打造低碳经济的基础,也是其能否成功之根本。

（三）

目前,从全球来看,以绿色为基调的可持续发展已成为全球共识,最近由联合国主导并经一百多个国家首脑签署的《2030 可持续发展议程》(2015)和《巴黎气候变化协定》(2016)正是这一共识的具体体现。在这一大前提下,围绕发展观的治理范式上出现了三大变化。第一个范式转换是在可持续发展的评估方式上,由过去侧重于经济指标的评估转换到对绿色发展综合指标的评估。第二个转换是从以单边的股东利益人为中心到以多边的相关利益人为中心的负责制和问责制。第三个转换是从以国家为主的自上而下的政策导向到以社区为主的自下而上政策导向,这种跨社区的治理模式旨在推动社区能力建设,帮助社区开发自我潜力,发挥社区的主观能动性,从而推动社区可持续发展。纵观近些年联合国发展署、世界银行、国际货币基金组织以及区域性发展银行的各类发展项目,其中许多都是以社区资产能力开发为主导的。下面具体谈谈三大范式的变化和与此相关价值共识的转换。

首先,从对经济发展的单一评估到绿色可持续发展的综合评估是 21 世纪出现的一个划时代的范式转变。过去我们讲到发展就是指经济发展,属于发展经济学的范畴,对发展中国家而言就是脱贫,评估这样的发展通常所用的指标是 GDP、GNP 和 GNI。在引入绿色发展的新常态下,我们对发展的评估放在社会的可持续性指标上,超越了传统的经济指标,也就是说绿色发展的评估不仅仅是看上述这些经济发展指标,还要包括人的发展指标(HDI),以及生态

---

　　① Amartya Sen. Development as Freedom[M]. Anchor Books, 1999.

环境指标(如 EPI 和 EF 等)。绿色发展指标包含了对"三个 E"(Economy 经济,Ecology 生态,Equity 公平公正)的综合评估,其中,公平公正指标强调人们的生存权益及平等权益是否得到尊重,包括教育公平、工作平等、性别平等,就后一点而言,任何一个歧视妇女的社会都是不可能做到真正崇尚环境正义之道德观的,也不可能取得真正意义上的绿色发展。正如前面所提到的,绿色发展已经超越了传统意义上的发展经济学的范畴,衍变成一个跨学科或曰交叉学科的范畴,人文科学与自然科学兼而有之。

第二个范式转变是责任制及问责制从股东利益导向(Shareholder-oriented)到利益相关者的导向(Stakeholder-oriented)。股东利益导向的发展项目一般是为少数权贵或投资人的利益服务的,往往置社区或草根阶层(特别是那些社会上弱势群体)之利益而不顾,这类"股东利益"体制被批评为"环境种族歧视"的滋生地,在一些发展中国家的 PX 项目选址及水坝工程设计上这类现象尤为普遍,同时也被看作是城市歧视农村的一个社会问题。美国社会学家彼得·埃文斯指出,这类现象的出现往往是一国的政治权贵和经济权贵与国外跨国公司之间相互勾结的结果,他称之为"三体联盟"(Triple Alliance)。①本文认为,在全球化的今天,这个"三体联盟"是最值得我们警惕的,如果在法制上不加以管束,它对绿色发展的危害会很大。前车之鉴,许多发展中国家在经济发展中出现的内外勾结、利益输送等腐败案,给当地经济的可持续发展和生态保护都带来灾难性的后果。在全球化的今天,世界的总体财富增加了,但是财富的分配呢? 全球化带来的巨大财富并未公平公正地得到分配,财富的社会分配出现大问题,大量财富落入少数权贵手中,产生严重的社会不公,所以出现了怪圈:财富增加了,贫富差距反而拉大了,社会分化更为严重,生态环境更为恶化,这一现象直接导致了美国的"占领华尔街"运动,以及近年来全球范围内风起云涌的反 WTO 运动。

正因为如此,传统上的股东利益导向受到挑战,以侧重利益相关者为导向的新范式应运而生,这一范式将涉及利益者的界定大大放宽,涵盖范围变广,而不仅仅包括直接受益者,还包括间接受益者。也就是说,任何发展项目的开发都要考虑到被此项目所牵涉的各个利益方,不光要考虑经济成本,还要考虑生态成本和社会成本,如建厂、造路及建坝等要考虑对所在社区生态产生的影响,对所在社区公共健康产生的影响,还有对当地传统文化和生活方式产生的

---

① 　Peter Evans. Dependent Development: The Alliance of Multinational, State, and Local Capital in Brazil[M]. Princeton University Press, 1979.

影响,这些都是利益相关者范式在责任和问责方面所涵盖的,这与我们所要大力提倡的环境正义价值理念是息息相关的,也是推动全民共识的关键所在。

第三个变化是治理范式之转换,从以国家为主的垂直治理关系到以社区为主的跨社区横向治理关系,这一治理范式的转变主要体现在四个方面:(1)引入市场机制,减少政府干预,给予社区更多的自主权(例如社区与企业在减排上通过谈判达到既让企业盈利又使碳排放量能够在可控范围,不损害社区利益)。(2)社区能力建设,开发其潜力,关注社区心理,增强自信心,如孟加拉银行家尤纳斯推行的小额贷款代表了商业银行参与扶贫的成功案例,英国的《金融时报》这样评论道:"尤纳斯和他的格雷美银行做了一个开拓性工作,他们将传统的银行借贷方式颠倒过来,他们不是去问'穷人是否有贷款信用度',而是问'银行家们是否对穷人偿还能力有信赖度'。"正是在这一理念的指引下,旨在扶贫的小额贷款大获成功。据报道,格雷美银行一年贷款近8亿美元,平均额度为130美元,借款人97%为农村妇女,贷款偿还率为99%。[①] (3)建立和扶持跨社区的草根社区组织,以非政府的形式参与社区发展的决策(如关注生态环境和健康权益的跨社区社会公益组织的崛起)。

(四)

以环境正义为基础的绿色发展离不开社会的和谐发展。社会其实是一个非常复杂的概念,如果政府力量过于强大,则社区自治趋于薄弱。大家可以观察到,美国特朗普政府上台后要对奥巴马时期实施的全民健康保险计划进行修正,其主要原因是"奥巴马健保"中的政府力量干预太大,引起了社区民众(主要是来自美国人口的中坚层——中产阶级)的强烈不满,觉得他们的利益受损。美国社会一直是市场经济主导,所以传统上社区的力量一直很强大,并且在某种意义上远胜于欧洲,这一传统在托克维尔的《美国民主》一书中对19世纪的美国有着充分的描述。[②] 时至今日,美国的民间议事厅(Town Hall Meeting)制度仍然是美国政治生活中不可或缺的,是其社会强大的一个表现形式。当然,中国的国情与美国不能完全类比,也就是说不能完全用美国的那

---

① Give the Man Credit[J]. Financial Times, December 9, 2006.

② Alexsis de Tocqueville. Democracy in America[M]. Translated by George Lawrence, Perennial Classics, 1839/2000.

套体制来机械地套用于中国,但是社会的发达,根本上离不开社区治理的发展。

目前各国(发达国家和发展中国家均无例外)所面临的最大挑战不是来自外部,而是来自其内部的压力,压力具体表现在政府、企业、民间社区以及非政府组织这四大变量之间的矛盾和冲突上。如何缓解冲突并保持各自体系力量之间的平衡并使之进入良性互动,将是绿色发展与低碳治理得以顺利进行的关键所在。而维系这一机制的价值体系就是构建以环境正义为核心的道德伦理观。在全球新一轮发展的进程中,这一绿色道德伦理观势必成为各国竞相抢占的"制高点"。例如,美国人在打造减少碳排放观念上,将涉及个人生活的"家庭消费"方式看作是"碳足迹"的很大一部分。因此,厉行节约,改变奢侈的消费方式,以此减少物质生产供应商的碳排量,也就是美国社会目前推行的"三个 R":The Three Rs—Reduce, Reuse and Recycle(减耗、再用、回收)。这种将自己的生活消费方式与碳污染源联系在一起的新思维,也是基于环境正义的一种新的生活价值观。社会历史可以证明,一个没有良好价值观的国度,难以保持其在全球范围内的内涵竞争力,也就是我们所说的"软实力",从而影响其可持续的经济、政治和文化发展。中国已是仅次于美国的世界第二大经济体,也是一个崛起的新兴大国,中国的经济、政治以及文化能否保持可持续性,做到长盛不衰,关键在于其能否在 21 世纪的绿色发展和全球治理的博弈中胜出。这个胜出是我们所希望和期待的。

国际可再生能源发展与全球能源转型

赵勇强

（国家发展和改革委员会能源发展研究所可再生能源中心副主任、
国家可再生能源发展中心副主任）

一、可再生能源已经成为全球"能源转型"的核心

1. 可再生能源已经成为全球"能源转型"的核心

进入新世纪以来，随着国际社会对保障能源安全、保护生态环境、应对气候变化等可持续发展问题的日益重视，加快开发利用可再生能源已成为世界各国的普遍共识和一致行动。许多发达国家和发展中国家都提出了可再生能源发展目标及重点发展领域，即使是传统化石能源丰富的加拿大、澳大利亚和中东、北非地区的国家，也都提出了可再生能源发展目标，将重点发展太阳能等新能源，以减少对化石能源的依赖。

表 1　主要国家（地区）可再生能源发展目标和重点领域

国家	可再生能源发展目标	重点领域和措施
欧盟	2020 年可再生能源占到能源消费总量 20%，2050 年 50%	推进风能、太阳能、生物质能、智能电网，实施碳排放交易（ETS）
英国	到 2020 年，可再生能源占能源消费量 15%，其中 40%的电力来自绿色能源领域	积极发展陆上风电、海上风电、生物质发电等，推广智能电表及需求侧输电技术；可再生能源发电差价合约（CFD）
德国	到 2020 年、2030 年、2040 年、2050 年，可再生能源占终端能源消费的比重将分别达到 18%、30%、45%和 60%，可再生能源电力占电力总消费比重分别达到 35%、50%、65%和 80%	扶持风电、光伏发电、储能，扩建输电管网设施，扩大能源储存能力；可再生能源固定上网电价（FIT）和溢价补贴（FIP）

续表

国家	可再生能源发展目标	重点领域和措施
丹麦	2020 年,风电占到总电力消费总量的 50%;2050 年完全摆脱化石能源消费	支持风电、绿色供暖体系发展,推动可再生能源在建筑、工业、交通领域中的应用,推动智能电网发展
美国	2030 年电力部门二氧化碳排放在 2005 年的基础上削减 30%	推动风电、太阳能发电、生物燃料、智能电网建设。生产税抵扣(PTC)和投资税抵扣(ITC),30 个州实行可再生能源配额制政策(RPS)
中国	2020 年和 2030 年非化石能源占一次能源比重分别达到 15% 和 20%	支持水电、风电、太阳能发电、可再生能源热利用和燃料;新能源发电的固定上网电价,分布式光伏发电度电补贴

2. 欧盟是全球可再生能源发展的领导者

欧洲是引领世界建设低碳、清洁和可持续的能源体系的急先锋。欧盟先后制定了可再生能源在能源消费中的比重在 2020 年达到 20%、2030 年达到 27% 的能源发展目标,并用量化指标约束各成员国加快发展可再生能源。丹麦提出到 2050 年完全摆脱化石能源,德国提出的战略目标是到 2050 年可再生能源在能源消费中占 60%、在电力消费中占 80%,并制定了各阶段的具体目标。

欧洲各国在欧盟指导下制定各自发展目标,许多国家制定了可再生能源发电强制收购要求,通过固定上网电价(FIT)、溢价补贴(FIP)或差价合约(CFD)确保可再生能源发电收益,通过欧盟碳交易(ETS)、碳税或碳标准提高化石能源成本。在战略目标引领和政策推动下,尽管个别国家因政策调整而出现停滞波动,但欧洲整体延续可再生能源发展趋势。2014 年,欧盟新增的 2690 万 kW 电力装机中有 79% 来自可再生能源,其中风电和太阳能光伏新增装机分别达到 44% 和 30%,均超过了煤电和天然气新增装机之和。德国长期引领欧洲可再生能源发展,2015 年风电和太阳能发电装机分别达到 4500 万和 4000 万 kW,使得可再生能源发电占全国发电量比重达到了 33%。

3. 美国支持各类可再生能源全面规模化利用

美国没有直接设定可再生能源发展目标,2015 年通过的《清洁电力计划》(CPP)要求美国电力部门 2030 年的碳排放量较 2005 年下降 32%,并要求各州最晚要在 2018 年提出各自的实施方案。预计,届时将使可再生能源发电装机占比提升到 28%。美国能源部相关研究提出到 2030 年风电可以占到全部发电量的 20%,2050 年可再生能源发电占全部发电量的 80%。美国最重要的可再生能源扶持政策是联邦层面的生产税抵免(PTC)、投资税抵免(ITC)以及 2009 年经济刺激法案中的现金补贴政策,2015 年 12 月美国国会两党同意继续延长 PTC/ITC 政策至 2022 年,这将推动美国的风电和光伏发电持续增长。另外,约 29 个州建立可再生能源市场份额政策(RPS),可再生能源企业可以通过出售可再生能源证书(REC)获益。

在政策推动下,美国风能、太阳能和生物燃料的利用带动了可再生能源应用规模以年均 5% 的速度在不断增长。2014 年,美国可再生能源在一次能源消费总量中的比重达到 9.8%,可再生能源发电在总发电量中的比重达到 13.2%。2015 年,美国新增装机容量中 69% 来自可再生能源。当年美国风电新增装机 860 万 kW,累计装机容量 7400 万 kW,当年发电量 1909 亿 kW·h 时,发电量居全球第一,占美国全部发电量的 4.7%。太阳能发电新增装机 730 万 kW,占当年美国所有新增装机容量的 28%,高于天然气发电新增装机。世界上最大的伊万帕(Ivanpah)太阳能光热电站(总装机为 39.2 万 kW)全面进入商业运行。此外,美国燃料乙醇的产量约占全球燃料乙醇产量的 58%。

4. 日本在福岛核事故后加快发展可再生能源

日本长期重视太阳能光伏等技术的研发和发展其制造业,在福岛核事故后,为了确保能源供应,进一步加快了可再生能源发展。2015 年 7 月,日本在能源中长期展望中提出,2030 年可再生能源在发电中的比重提高到 22%～24%。在政策方面,2012 年 6 月引入了光伏发电固定电价政策,从 2014 财年开始,海上风电也可以享受到 36 日元/kW·h(不含税)的电价政策。受地形、台风及可利用土地资源限制,日本的风电建设进展缓慢,相比之下太阳能光伏发电发展迅速,2015 年累计装机容量达到了 3440 万 kW,年新增装机 1100 万 kW,是全球第二大光伏市场。

5. 中国逐步成为全球可再生能源发展的中坚力量

2014 年 6 月,习近平总书记在中央财经领导小组会议上提出,要积极推动我国能源生产和消费革命,控制化石能源消费,大力发展风能、太阳能等可再生能源。近年来,各方面已逐步形成共识,认识到"能源革命"的本质是主体能源的更替,是由煤炭等高碳化石能源更替到可再生能源等清洁低碳能源的革命。2015 年我国在国际社会上承诺 2030 年左右温室气体排放达到峰值、非化石能源占一次能源消费比重提高到 20% 左右。

近年来,我国不断完善可再生能源电价扶持政策,在新一轮电力改革中,提出了建立可再生能源发电优先上网制度。在一系列政策推动下,我国持续维持了全球可再生能源新增市场规模最大的地位。到 2015 年底,我国水电、风电和太阳能发电累计装机分别达到了 3.2 亿 kW、1.3 亿 kW 和 4300 万 kW,继续引领全球。非化石能源消费比重达到 12%,实现了可再生能源发展的"十二五"规划目标。但风电太阳能发电限电矛盾也日益突出,2015 年弃风弃光限电量分别达到 339 亿 kW·h 和 49 亿 kW·h 时,反映出全面深化能源转型和电力改革的紧迫性。

6. 新兴经济体和发展中国家也加快发展可再生能源

印度是世界第二人口大国,21 世纪初以来能源需求大增,能源供给和环保压力日益加大。2010 年,印度政府宣布要将可再生能源的发电比重从 2010 年的 5% 提高到 2020 年的 15%;2014 年,印度政府提出到 2027 年太阳能电力装机要达到 1 亿 kW,风电装机达到 1.5 亿 kW。目前印度实行可再生能源固定电价、可再生配额制(RPS)等政策来推动可再生能源的发展。2014 年,印度可再生能源占一次能源总消费量的 2.2%,可再生能源电力占其总装机的 12.9%,风电和太阳能发电分别达到 2246 万 kW 和 306 万 kW。

巴西能源长期以来依赖水电和油气,水电占全部一次能源消费的 28% 和电力消费的 64%,但近年来大力支持新能源建设,实施可再生能源竞标机制、电力购买协议(PPA)拍卖计划,推动开发风电、太阳能等新能源。目前风电装机达到 870 万 kW,并开始建设一批太阳能发电项目。

阿联酋、沙特等传统的产油国也日益重视发展可再生能源。沙特 2012 年曾提出远期可再生能源发展目标,计划到 2032 年可再生能源发电总装机 5400 万 kW,其中太阳能发电装机 4100 万 kW。虽然目前进展缓慢,但在 2016 年 4 月最新发布《2030 愿景目标》中强调要通过修改有关法律来改善投资环境、推动燃料市场自由化确保可再生能源具有竞争力。阿联酋计划在 2025 年前建成完全依赖可再生能源的马斯达尔城。可再生能源也是解决非洲现代能源匮乏的重要途径。2015 年巴黎气候大会(COP21)期间宣布的非洲可再生能源行动计划(AREI)提出,要在 2020 年前实现至少 1000 万 kW 新增可再生能源电力装机,到 2030 年前新增 3 亿 kW。南非提出在未来 20 年内投资 900 亿美元发展可再生能源,计划将可再生能源利用总量提升 40%、使全国总发电量翻一番。

二、可再生能源已开始全面规模开发利用

1. 各类可再生能源进入规模化应用阶段

水电、风电、太阳能发电等将是未来全球能源低碳化的最重要途径,生物质能、地热能在不少地区和领域也是重要的可再生能源。据 21 世纪可再生能源政策网络(REN21)统计,2015 年可再生能源满足了全球约 19.2% 的能源需求,其中 10.3% 来自现代化利用的可再生能源,8.9% 来自于传统生物质能源。2015 年,全球新增可再生能源发电装机 1.47 亿 kW,77% 来自风电和太阳能光伏发电;全球累计可再生能源总装机达到 18.5 亿 kW,其中水电 10.6 亿 kW,风电 4.33 亿 kW,太阳能发电 2.27 亿 kW,生物质能发电 1.06 亿 kW。可再生能源发电量占全球所有发电量的 23.7%,其中水电发电量占全球全部发电量的 16.6%,但风电、太阳能发电等新能源增长最为迅速。历年可再生能源发电装机容量情况见表 2。

表 2　全球可再生能源累计装机容量和产量

年份	2009	2010	2011	2012	2013	2014	2015
可再生能源装机容量(含水电)(万 kW)	117000	125000	135500	144000	157800	171200	184900
水电累计装机(万 kW)	92000	93500	96000	96000	101800	105500	106400
风电累积装机(万 kW)	15900	19800	23800	28300	31900	37000	43300
光伏累计装机(万 kW)	2300	4000	7100	10000	13800	17700	22700
太阳能热发电累计装机(万 kW)	—	110	160	250	340	440	480
太阳能热水器累积安装量(GWth)	153	195	223	282	373	406	435
生物质能装机容量(万 kW)	—	—	—	—	8800	9300	10600
地热能装机容量(万 kW)	—	—	—	—	1210	1280	1320
生物乙醇年产量(亿升)	731	850	842	826	878	940	983
生物柴油年产量(亿升)	178	185	224	236	263	297	301

2. 风电在一些地区已经逐步成为主力能源

风电已经进入持续稳定的发展阶段，近五年全球年新增风电市场基本维持在 4000 万 kW 左右。2015 年，全球风电新增市场创历史新高，达到 6300 万 kW，累计装机容量 4.33 亿 kW。2015 年全球新增海上风电装机 340 万 kW，累计装机 1200 万 kW，占全球风电总装机的 2.7%。

风电在全球电力供应中的占比不断上升，2015 年已经超过 3.2%，在一些国家电力体系中的作用进一步加强，已成为一些国家的重要替代电源。2015 年，风电发电量在丹麦全国电力消费总量中的占比高达 45%，在德国电力消费中的比重也达到 13%，在整个欧盟电力消费中的比重也超过 10%，已经逐步成为主力电源之一。在美国和中国这两个最大的能源消费国，风电发电量也分别占全部发电量的 4.7% 和 3.3%，成为最重要的新增电力。

从分布上看，目前全球有 100 多个国家开发了风电项目。近年来亚洲引领全球风电市场增长，2015 中国新增和累计风电装机在全球遥遥领先，印度累计风电装机达到 2500 万 kW，也提升到全球第 4 名。德国等成熟的欧洲风电市场稳步发展，美国风电市场在延长生产税抵扣（PTC）政策的推动下走出低谷。拉丁美洲风电市场增加迅速，巴西风电装机也超过 870 万 kW，南非、摩洛哥、智利、加拿大和土耳其新增风电装机容量也均创新高。海上风电代表了领先风电技术，目前海上风电项目仍集中在英国、丹麦、德国和中国等少数国家。

3. 太阳能发电在全球范围进入规模化开发

太阳能发电是增长最快、未来潜力最大的新能源。2015 年全球光伏新增装机规模约 5000 万 kW，累计安装量达到 2.27 亿 kW。太阳能光伏发电在全球电力供应中的占比突破 1%，已占欧盟地区电力消费总量的 3.5%，其中意大利光伏发电量占到其消费总量的 7.8%，希腊达到 6.5%，德国为 6.4%，太阳能光伏已成为这些国家电力供应的重要组成部分。

太阳能在全球越来越多的国家得到应用，有超过 20 个国家的光伏累计安装量超过 100 万 kW。2014 年亚洲已占全球新增市场的 60%，其中中国、日本新增市场容量分别为 1060 万 kW 和 970 万 kW。美国新增光伏发电市场平稳，欧洲新增市场持续下降，但德国光伏装机总量仍居世界第一。巴西、墨西哥和秘鲁等拉丁美洲国家是光伏市场增长速度最快的地区，越来越多非洲国家也启动光伏发电市场,南非 2014 年新增光伏装机 80 万 kW,卢旺达 2014 年的光伏装机容量占到电力装机量的 7%。

太阳能热发电的全球市场发展还不成熟,且受光伏成本快速下降的压力逐步加大,但市场仍然保持一定的发展。截至 2015 年底,全球已经建成投入运行的太阳能热发电装机容量达到 475 万 kW。太阳能供热技术在发展中国家推广应用规模不断扩大,累计安装运行太阳能集热总面积近 6 亿 m²,相当于热装机容量为 4.35 亿 kW。

4. 生物质发电、供热和液体燃料多样化利用稳步推进

当前生物质能逐步从传统简单粗放的燃烧方式向现代高效清洁的能源利用方向发展,涉及发电、供热、交通运输等多个能源领域,是应用范围最广的可再生能源。据估算,2014 年全球生物质能利用总量相当于 20 亿吨标准煤,约占全球能源消费量的 11%。

截至 2015 年底,全球生物质发电装机容量达到 1.06 亿 kW,年发电量约占全球发电量的 1.5%。欧洲生物质发电发展最为成熟,装机容量约 4000 万 kW,拥有规模化收集农林废弃物体系和成熟的原料交易市场,实现了有机废弃物和生活垃圾的高效回收利用。生物液体燃料近年受国际原油价格重挫影响,但 2015 年全球燃料乙醇产量为 983 亿升,生物柴油产量约 300 亿升,合计占全球道路交通燃料的 3%。成型燃料等现代生物质供热技术在欧洲最为成熟,2015 年的生物质供热量约 1 亿吨标准煤,全球利用量约 3 亿吨标准煤。但许多发展中国家仍然依赖传统生物质能提供炊事取暖燃料。

5. 地热能利用规模和水平不断提升

近年来全球地热能市场一直保持着稳定增长的发展态势。根据世界地热大会和美国地热协会(GEA)的统计数据,2014 年全球地热总利用量达到 900PJ(约 3000 万吨标准煤),地热发电接近三分之一,其余是地热能热利用。全球地热发电总装机容量达到 1300 万 kW,总发电量约 750 亿 kW·h。冰岛全国发电量的近 30% 来自于地热;菲律宾地热发电在全国发电量中的比重接近 14%。地源热泵目前是地热能热利用的主要方向,在近 50 个国家得到了广泛应用,在欧洲地区已占供热系统安装量的 15%。

三、可再生能源逐步成为重塑全球能源体系的重要力量

1. 可再生能源将推动发展中国家开创新型现代化道路

人类社会经历了从薪材到煤炭,再从煤炭到油气、电力的能源革命,先后推动发达国家和发展中国家进入工业化和城镇化快速发展的历史时期。但人类在享受能源革命带来经济增长巨大成果的同时,必须破解化石能源依赖的经济能源环境困境,发达国家和发展中国家都面临着在继续促进经济社会发展的同时推进绿色低碳能源转型的重大挑战。特别是,在 2015 年年底召开的巴黎气候大会(COP21)上,196 个国家达成历史性的《巴黎协定》,就气候变化行动制定了重要目标,旨在将全球升温控制在 2 摄氏度内并向 1.5 摄氏度努力,为此各国同意快速减排以使全球排放尽快达到峰值,并在 21 世纪下半叶实现温室气体净零排放。国际社会普遍认为可再生能源技术是实现低碳能源转型的关键措施,可再生能源已成为世界各国破解经济能源环境困境的共同选择。

虽然发达国家和发展中国共同面临绿色低碳能源转型挑战,但发展中国家将通过以可再生能源为主的能源体系支持工业化和城镇化,开创一条可持续的现代化道路。目前美欧发达国家已接近走完能源消费快速增长阶段,能源消费总量基本已达到峰值,大规模电力和能源建设基本结束,许多煤电、核电机组将陆续步入退役换代阶段,可再生能源将替代现有煤电、核电甚至天然气发电量,可再生能源供热也将替代部分天然气供热,即用可再生能源来优化存量能源体系。但同时,更多发展中国家进入工业化和城镇化快速发展阶段,面对治理环境污染和应对气候变化的双重压力,已失去煤炭和石油两类高碳化石能源间更替转型机会,因而必须强化高碳化石能源控制,把增加清洁低碳可再生能源供应作为保障能源安全的重要战略。这意味着发展中国家将开创一条发达国家没有走过的现代化道路,这是一个重大挑战,如果成功,将是对人类可持续发展的重大贡献。

2. 可再生能源将成为未来低碳智能能源系统的核心

欧盟指出可再生能源是"欧盟构建有竞争性、安全而可持续能源体系的根

本因素"[1]，深入分析了 2050 年能源技术战略和能源变革路线图。德国、美国都深入分析论证了 2050 年 80% 以上电力来自可再生能源的新型电力系统。国家发展改革委能源研究所等机构在中国 2050 年高比例可再生能源情景研究中也探讨了 2050 年 86% 电力来自可再生能源的新型能源电力体系的问题。所有研究都认为，未来主体能源向可再生能源的更替是能源变革的动力和核心，以发电为主的可再生能源将引领能源体系创新。

大规模可再生能源电力已开始驱动电力系统变革。目前欧洲、美国和中国等国家已加快探索变革电力运行方式，削减和优化运行煤电，以优先消纳风电太阳能等新能源；未来还需要逐步使天然气发电和煤电转为调峰和备用电源，同时充分挖掘太阳能热发电、地热能发电和核电的调节能力，大规模发展负荷响应和储能，因地制宜推动风/水、风/气等多种发电方式互补运行，构建一套由骨干电网、区域性电网、地方电网和微型电网形成的智能电网体系。2016 年 5 月 15 日下午两点，德国太阳能和风能发电出力达到 4550 万 kW，与此时 4580 万 kW 的电力负荷几乎相等，煤电在此时间段仅作为备用运行。美国加州可再生能源发电在中午时段也将满足全部负荷，为此也积极探索电力系统创新运行方式。

可再生能源的推广普及也将真正实现全社会共同参与可持续能源开发利用。在居民和商业部门，推广建造可再生能源供热和光伏系统，在工业部门实现电力替代和可再生能源热利用，在交通部门与电动汽车协同运行以实现真正的绿色交通，人人成为能源产消者，实现人人享有可持续能源。可再生能源的利用将推动跨部门融合发展电力与燃气、热力、信息网络，建设智慧能源体系。

3. 可再生能源将推动改变能源市场和监管制度

随着技术进步和生产规模的扩大，以风电、光伏发电为代表的可再生能源技术经济性在显著改善，与 2008 年相比，全球风电机组件的平均市场价格下降了约 30%，光伏组件的平均市场价格下降超过了 80%，使得风电和太阳能发电在多个经济体的能源市场开始逐步具备了竞争力。一些欧美国家的光伏发电在售电侧已经具有竞争力，美国目前 20 多个州的光伏已经实现用户侧平价上网，2020 年这个数字将达到 42 个州；智利的光伏电站在全球范围内首次

① European Commission. A Policy framework for climate and energy in the period from 2020 up to 2030[R]. Brussels，2014，22(1)：6.

创下了光伏上网侧的"平价";巴西、南非和埃及招标的风电项目电价与传统化石能源发电相比也开始有一定的经济性;沙特则在 2016 年创下了太阳能发电项目招标电价的新低。

虽然目前可再生能源仍然依赖于政策扶持,但随着近年来可再生能源成本快速下降,未来 5 年内将全面进入市场驱动发展阶段。事实上,2014 年以来,即使在全球经济持续低迷、能源需求增长放缓、石油和煤炭价格暴跌的背景下,无论是在"页岩气"革命爆发地的美国、加拿大,还是在传统能源进口国的欧洲、日韩或是中东化石能源丰富的阿联酋、沙特,北非的摩洛哥、埃及以及南美洲的智利、巴西,风电、光伏等新能源发电仍在蓬勃发展。

从另一面看,随着规模和比重不断增加,可再生能源也开始改变传统能源市场和监管格局。欧洲、美国的风电和太阳能发电已经对电力市场产生了重大影响,倒逼煤炭发电退出市场、驱动跨国跨州电力市场加强融合。为了增强欧洲构建能源供应安全、能源体系的竞争力和可持续发展的能源体系,欧洲的一项重要行动即建立统一的能源市场,可再生能源发电的大范围并网消纳也是建立欧洲新型统一能源市场的重要驱动力。2014 年 10 月《2030 气候和能源政策框架》特别增加了欧盟范围内电网互联实现传输 15% 发电量的目标,从长期看将进一步推动欧盟能源战略、政策和市场的一体化。在美国,一方面继续推动东部、西部和德州三大电网区域内的市场融合,另一方面更多分布式发电将改变传统电力公司的经营模式。大量太阳能分布式发电与储能设备相结合,对集中电力供应需求和传统大电网的依赖正在减弱,已经明显减少了传统电力公司的客户和收入,逼迫其提高留存客户的费率,反而又导致更多客户流失,形成所谓的"死亡螺旋",这已对传统电力发展模式和监管体系提出了重大挑战。中国、印度等国也面临类似挑战,开始研究适应新能源的能源电力体系和市场监管制度。

4. 未来数十年世界能源转型将产生深刻的能源地缘政治影响

在应对气候变化和发展清洁低碳可再生能源的推动下,全球能源发展正在发生深刻变化,进入新的阶段。IEA 的《世界能源展望 2015》的中心情景显示,煤炭迅猛发展的势头正在减退,只占到 2040 年前全球新增能源总需求的 10%,主要来自印度和东南亚的煤炭需求;预计 2040 年经合组织(OECD)的煤炭消费会下降 40%。天然气成为唯一份额将增加的化石燃料,2040 年前消费量预计增长 50%,但欧美天然气发电方面将受到可再生能源的竞争而增长缓慢。可再生能源会成为未来新增能源主力,在全球能源结构中的占比将从现在的 19% 提高到 2040 年的 25%。电力行业,特别是可再生能源发电将引领能源系统低碳化的发展道路,2040 年前电力部门 60% 的投资将投向可再生能源电力、一半的新增电力供应来自可再生能源电力。到 2040 年,可再生能源发电在欧盟的份额会达到 50%,在中国和日本会达到大约 30%,在美国和印度会超过 25%。国际可再生能源署(IRENA)发布的《可再生能源路线图 2030》报告分析,到 2030 年全球可再生能源的占比将从 2010 年的 18% 增长至 21%,如果各国继续推动能源转型,将使可再生能源份额增长至 36%,届时可再生能源将成为全球最重要的能源。

这意味着未来 20 年内世界能源消费和生产格局都将发生深刻变化。欧洲将大幅降低对外能源依赖,一些国家初步实现能源自给自足,美国也将大幅减少本土传统能源消费并增加国际市场出口能力,发展中国家也将更多依靠本地新能源、减少国际能源市场进口依赖;全球煤炭和石油需求将先后达到峰值,目前脆弱的供需平衡将继续被打破,市场价格预计更加低迷,传统煤炭和油气大国在国际能源市场和地缘政治中将逐步减少影响力,如果不能实现资源型经济转型,将面临巨大的经济社会挑战。国际能源体系的主导权正在朝新能源方向发展,新兴经济体和发展中国家在不对抗以资源为基础的传统国际能源权力结构的条件下,通过发展新能源改善自身的能源供给安全,并形成以技术产业能力为核心的新型能源竞争格局。

四、可再生能源在全球绿色经济和投资贸易的重要地位不断上升

1. 可再生能源驱动绿色经济增长,引领全球绿色经济创新

不同于对"资源"争夺激烈的化石能源,可再生能源必须立足于现代科技和装备。而且可再生能源开发利用产业链较长,配套和支撑产业多,对经济发展的拉动作用显著,会成为未来全球绿色经济增长的重要支柱。许多国家都投入大量资金支持可再生能源技术研发,抢占技术制高点。美欧在先进高效风电、太阳能光伏和热发电、纤维素乙醇燃料和智能电网的核心技术和基础装备制造上依然处于全球领先水平,日韩主导先进储能技术,印度建立了具有全球竞争力的风电装备产业,巴西引领了全球生物质液体燃料利用技术的发展,我国在风电、光伏及太阳能热利用设备制造等方面处于全球领先水平。沙特

在 2016 年 4 月最新发布《2030 愿景目标》中也强调摆脱对石油的依赖,大力发展可再生能源发电和本地产业。可再生能源已成为世界许多国家高度重视发展的具有战略性的新兴产业。

在提供清洁能源的同时,可再生能源也在创造着新的就业机会。根据国际可再生能源署(IRENA)的统计,2015 年全球可再生能源行业就业人数约810 万人,太阳能光伏、生物液体燃料以及风电是就业人员最多的领域。

表 3 2015 年全球可再生能源就业人数   单位:千人

	全球	中国	巴西	美国	印度	日本	孟加拉国	欧盟 德国	法国	其他
太阳能光伏	2772	1652	4	194	103	377	127	38	21	84
生物燃料	1678	71	821	277	35	3	—	23	35	47
风电	1081	507	41	88	48	5	0.1	149	20	162
太阳能供热制冷	939	743	41	10	75	0.7	—	10	6	19
生物成型燃料	822	241	—	152	58			49	48	214
沼气	382	209	—	—	85		9	48	4	14
水电	204	100	12	8	12		5	12	4	31
地热能	160	—		35	—	2	—	17	31	55
太阳能热发电	14	—	—	4	—			0.7	—	5
合计	8052	3523	919	768	416	388	141	347	169	631

2. 可再生能源投资成为全球能源投资重心,投融资机制创新日益迫切

随着应对气候变化制度逐步建立和全球能源转型进程加快,化石能源投资的风险不断增加,已经高于新能源投资风险。有关分析显示,2 度温升控制目标下的"碳预算"仅相当于全球石油、天然气和煤炭等化石能源探明储量的1/5 至 1/3。对能源的环保限制正在成为国内国际法律,如航空航海碳税、资源税、对外能源投资环保门槛等。日趋严格的环境规则可能会导致石油、煤和天然气等化石能源失去市场空间和价值,企业投资者以及保险等金融企业也可能面临巨大损失。世界银行等机构已经提出除非特殊情况将不再为煤炭发电厂提供融资。

相反地,可再生能源的长期前景更加确定、投资风险不断下降、投资规模不断上升。2015 年全球可再生能源产业投资 2859 亿美元,全球风电和光伏再次出现了良好的发展势头。全球产业链新增可再生能源投资情况见表 4。

2015 年可再生能源投资的增长主要在发达国家和新兴经济体,新兴经济体和其他发展中国家的投资总额已经超过发达国家投资总额,表明可再生能源的发展已经进入到发达国家与发展中国家并举的阶段(表 5)。

表 4　全球产业链新增可再生能源投资　　　单位:亿美元

	2004	2005	2006	2007	2008	2009	2010	2011	2012	2013	2014	2015
风险投资	4	6	12	21	32	16	25	25	24	8	10	13
政府研发投入	19	20	22	27	28	54	49	48	47	52	45	44
公司研发投入	32	29	31	35	40	41	42	51	50	66	45	47
私募投资	3	10	31	36	67	29	54	24	16	14	16	21
公开市场	3	38	93	214	109	129	112	100	38	101	162	128
资产融资	320	526	845	1098	1358	1202	1529	1814	1633	1580	1884	1990
小规模融资	85	102	94	141	223	335	626	757	793	539	604	674
总投资	466	731	1128	1572	1857	1806	2437	2819	2601	2360	2766	2917

表 5　全球发达国家和发展中国家清洁能源投资　单位:10 亿美元

	2005	2006	2007	2008	2009	2010	2011	2012	2013	2014	2015
发达国家	52	83	108	122	114	163	191	150	135	141	130
中国、印度和巴西三国	14	21	35	43	51	56	70	77	73	104	120
其他发展中国家	6	8	11	17	14	20	17	30	26	28	36

但是,投资仍然是重大挑战。国际可再生能源署(IRENA)的分析显示,全球可再生能源年投资需要从 2014 年的 2700 亿美元增加到 2020 年的 5000 亿美元,2030 年这一数额需要达到 9000 亿美元。几乎 2/3 的投资都集中在电力部门,供热和交通也将有显著增长;从地域分布上来说,超过 40% 的全球可再生能源电力投资将集中在亚洲(到 2020 年,每年达 1780 亿美元),欧盟约 770 亿美元,北美和加勒比地区合计 550 亿美元。增长最快的是非洲,将比 2014 年增加 4 倍。但是,由于可再生能源具有初期投资大、项目运行期长、资本和技术密集的特点,大规模投资的前提条件是可再生能源融资需要透明、长期稳定的投资框架,需要有效有利的政策和监管环境。特别是发展中国家尚未形成良好的可再生能源市场,市场风险显著增加了投资者投资成本。

为此,公共融资和企业投资都非常重要,国际社会正在努力扩大投资资金来源。一方面,在应对气候变化框架下提供赠款,主要利用全球环境基金、气候投资基金、绿色气候基金等工具,到 2020 年实现 1000 亿美元的承诺资金,进一步为减缓气候变化提供资金支持,拉动绿色气候基金等私有部门资金集中支持发展中国家的可再生能源开发利用等。另一方面，推动投融资机制创新，吸引企业特别是大型金融机构投资。机构投资者管理着全球 90 万亿美元的投资，但可再生能源领域的投资仍微不足道，这是因为可再生能源资产规模小，具有分散性和本地化特点，无法满足机构投资者长期投资策略。未来需要出现消除现有风险的工具和措施来吸引投资，进行投资包标准化设计，降低项目开发商和投资者管理成本和风险，让可再生能源资产对金融机构更具有吸引力。

3. 可再生能源已形成全球产业链，亟须扭转贸易保护主义趋势

20 世纪欧美国家持续引领全球风电、光伏发电、现代生物质发电技术产业和市场；进入 21 世纪以来，中国、印度等新兴经济体通过政策扶持培育了本地产业体系和稳定市场；目前，风电和太阳能发电等可再生能源产业的国际化程度不断提高，已成为既具有全球战略性、又实现全球产业链的新兴产业。直到 2008 年全球金融危机前，许多国家通过自由投资贸易支持可再生能源，风电和太阳能发电发展得到国际贸易和绿地外国直接投资（FDI）的有力推动，也高度依赖于全球产业价值链。

但是，面对全球性金融危机和经济停滞，可再生能源国际竞争也加剧。2008 年金融危机以来更多国家制定了绿色产业政策，以支持本地经济增长和就业；特别是数十个国家制定了本地化率政策（LCR），以及差异化融资政策、本地技术标准等。特别是，2010 年以来世界贸易组织（WTO）已经有数个贸易争端涉及本地化率政策，另外还有"双反"（反补贴、反倾销）等贸易救济措施。这些贸易保护主义措施主要是来自发达国家，但也开始发生在新兴经济体和发展中国家。

事实上，风电光伏等新能源的全球供应链有助于各国新能源发展。经济合作与发展组织（OECD）的研究指出，一方面，各国可再生能源发电有赖于更多进口产品、装备或者零部件；另一方面，制造业仅占 2013 年全球新增可再生能源投资的 6%，制造业仅占光伏发电产业链全部就业岗位的 18%～24%；超过 50% 的就业和增加值仍在产业链下游的电厂开发建设和运营环节（Ang，2015）。而近年来贸易保护主义措施扭曲了全球市场，也损害了本地产业和市场。为此，各国必须加强政策协调和市场开放，为国内外投资者建立一个稳定、可预期的政策环境，通过开放、竞争和需求驱动的全球市场降低可再生能源发电成本，并与化石能源相竞争，并反过来降低当前的扶持政策成本。

五、中国应积极推动能源转型和绿色增长、参与全球能源治理

能源变革需要加强国际合作。我国作为最大的新兴经济体和可再生能源开发利用国,参与全球能源合作和治理既是自身发展与利益使然,又是全球能源格局变革的必然要求,应该把握当前全球能源领域深刻变化的契机,推动和引领全球能源转型、绿色经济增长、全球能源治理改革。特别是我国担任2016年二十国集团(G20)主席国,为我国更主动地参与全球经济和能源治理创造了重大机遇,应增强可再生能源发展与全球能源转型、经济增长、投资与贸易等议题的联动性,完善全球经济和能源治理机制。

1. 共同制定国际可再生能源行动计划,引领全球能源转型和绿色经济

2008年和2009年G20峰会就提出向清洁低碳技术和基础设施建设过渡,促进绿色经济复苏、能源安全,应对气候变化。2015年G20能源部长和领导人峰会就可再生能源规模持续保持上升达成了共识。2016年9月中国杭州G20峰会主题确定为"构建创新、活力、联动、包容的世界经济",我国确立了"创新、协调、绿色、开放、共享"的"十三五"发展理念。今后将借此契机,进一步明确可再生能源在推动全球能源变革、绿色经济增长、实现联合国2030年可持续发展目标中的重要作用,制定《G20可再生能源行动计划》,引领全球能源转型。

2. 推动国际可再生能源技术和产业合作,加快全球能源转型进程

目前可再生能源技术仍处于商业化初期阶段,在技术推广应用、科学规划建设、与传统能源协调融合发展等方面仍然存在障碍。能源变革先行者应为其他国家提供技术支持和经验分享,支持能力建设,以降低能源转型成本。应推动国际合作,特别是发达国家和发展中国家之间,在政府推动和企业参与下深化重大可再生能源技术和产业合作,促进先进可再生能源发电、分布式能源、可再生能源供热技术、先进储能、电动汽车、微电网和智能电网等领域的技术创新和应用,开展大规模新能源基地、高比例可再生能源区、新能源城镇、智

慧能源系统、能源转型综合示范区建设和交流合作,加快全球能源转型进程。

3. 消除国际投融资和贸易障碍,加强全球新能源投资和产能合作

世界能源转型的关键任务是促进能源投资、实现可持续发展,美国、欧洲、巴西等地都需要投资新型能源基础设施。发展中国家的数十亿人口需要消除能源贫困,使用现代电力服务,实现联合国 2030 年可持续发展议程目标。中国参与全球新型能源基础设施投资的空间日趋上升,特别是积极参与能源贫困治理有利于促进南南合作,提升中国影响力。中国应该积极推动消除可再生能源国际投融资和贸易障碍,参与全球新能源投资和产能合作,在发达国家投资获取先进技术和稳定收益,在发展中国家帮助完善投资框架,提供更多知识和专业技能,落实"一带一路"倡议。

4. 积极参与全球能源治理机构建设和规则制定

现有的全球能源治理是以化石能源为基础和核心建立的,主要任务是维护化石能源市场稳定和国际投资贸易,难以促进甚至在一定程度上阻碍可再生能源发展及全球能源转型。中国应该加强和利用 G20 在全球能源治理、推动能源转型和绿色经济的宏观决策能力,推动国际能源署及国际能源市场监管改革,参与和引导国际可再生能源署的重大任务,探讨成立以高比例可再生能源为宗旨的全球能源变革联盟,形成可再生能源导向的能源治理机构和最大合力;推动世界银行、亚开行、全球环境基金、气候基金、世界贸易组织、区域和双边投资贸易协定进行可再生能源投融资和贸易机制改革创新,为可再生能源发展提供更好的市场环境。

参考文献

[1] 国际能源署.世界能源展望 2015[R].2015.

[2] 国家可再生能源中心.国际可再生能源发展报告 2016[M].中国环境出版社,2016.

[3] Ang G. Overcoming barriers to international investment in clean energy[R]. OECD Investment Insights,June 2015.

[4] European Commission. A policy framework for climate and energy

in the period from 2020 up to 2030[R]. Brussels，2014，22(1)：6.

[5] IRENA. Renewable energy and jobs-Annual review 2016[R]. IRE-NA，2016.

[6] REmap. roadmap for a renewable energy future 2016[R]，2016.

[7] REN21，Renewables 2016：Global Status Report[R]. REN21，2016.

[8] UNEP. Global trends in renewable energy investment 2016[R]. Frankfurt School-UNEP Centre，2016.

三 低碳经济与能源转型策略

温室气体和大气污染物减排策略

陶 澍

（北京大学城市与环境学院原院长，中国科学院院士）

一、引 言

气候变化和环境污染是我们面对的两大问题。气候变化与大气污染都是目前十分重要的议题，且密切相关，因此本文将其结合起来讨论。

气候变化的主要元凶是二氧化碳等温室气体的排放，但一直没有人测算过中国以及其他国家温室气体排放的贡献度。过去大家都知道发达国家碳排放的历史贡献大，但这个账没有算出来过。北京大学城市与环境学院的李本纲课题组最近在 Nature 杂志上发表了一篇很重要的文章，计算了中国碳排放对气候变化的贡献。该研究发现，由于历史上发达国家碳排放的积累太多，尽管中国目前是第一排放大国，但所排放的二氧化碳等温室气体对目前气候强迫的贡献只有 10%，而且不会很快增加。

环境污染的危害性已经被大众广泛认知，而中国的大气污染和室内空气污染是对健康危害最大的环境污染因素。根据我们的研究，近年来室外大气污染导致的过早死亡（与没有污染的情况相比）人口不断增加，在 2012 年达到 160 万人。尽管不同研究的结果不完全相同，但大体上差别不是很大。

根据世界卫生组织最近发表的报告，室外空气污染对早死的贡献大概为十分之一，远远高于其他所有环境污染因素。相比之下，水污染和食品污染的影响都远远低于大气污染。事实上，我们高估了它们的影响，例如食品污染对健康的影响实际远远低于过度摄入盐、脂、糖等营养物质的影响。

二、温室气体和大气污染物减排策略的科学依据

要减少人类活动对温室效应和大气污染的影响,我们要先了解是什么物质在其中起到主要作用。导致气候变化和大气污染的成分不同,引起大气增温的气候强迫因子主要是二氧化碳,其次是甲烷、黑炭和大气颗粒物等,而引起大气污染的污染物以大气颗粒物(含有多种成分)和各类气态污染物为主。虽然有些物质会有双重作用,如黑炭既能引起辐射强迫,也会导致健康危害;影响健康的大气颗粒物也会改变辐射,但总体而言,主要气候强迫因子和大气污染物并不相同。由此可见,针对气候变化和大气污染的控制策略是不一样的。这既取决于对象物质,也与不同控制措施对不同对象的控制效率有关。

迄今为止,关于气候变化的科学证据是相当充分的。尽管仍有争议,但大多数科学家都认可气候变化这一事实。但与此同时,我国针对气候变化的应对策略的科学基础并不充分。支持减排决策需要更多扎实的科学依据,仅有意愿而无科学指导很有可能事倍功半。

排放控制的科学决策首先应基于对气候变化因子和大气污染物来源的认识。譬如,二氧化碳和二氧化硫源自燃料成分的释放;氮氧化物是高温燃烧反应的产物;一次颗粒物、黑炭、有机碳和苯并芘等则来自供氧不充分的不完全燃烧。此外,目前灰霾天气条件下的大气颗粒物大多是气态污染物在大气中反应生成的次生颗粒物。由于各种物质的生成途径和条件不同,排放过程十分复杂,且受各种因素影响。譬如,二氧化碳的排放量与燃料含碳量基本一致,因此电厂和工业这样的燃煤大户是二氧化碳的主要排放源;另一方面,由于黑炭与燃烧状况有关,而电厂和家庭炉灶燃烧状况大不相同,同等量的煤在电厂锅炉和家庭煤炉燃烧排放的黑炭量相差数百倍;出自同样的原因,同等量的煤在电厂锅炉和家庭煤炉燃烧排放的强致癌物苯并芘的量甚至可以超过千倍。正因为如此,尽管我国电厂和工业用煤量是家庭生活燃煤量的 20 倍以上,但家庭生活炉灶排放的黑炭和苯并芘都比电厂和工业源多。由此可见,削减电厂燃煤是二氧化碳减排的最重要举措,但这一做法在降低黑炭、有机碳和苯并芘等大气污染物方面的效率低于生活燃煤的削减。

三、结论与建议

减排措施都是有经济成本的,在环境保护领域没有免费午餐。环保的经济投入是社会花钱购买好的环境质量。过分强调环保产业的经济效益,忽略了社会成本反而会引起误导。因此,减排措施的选择和投入既要考虑排放控制的根本目的,又要考虑不同控制手段的效果,即应当是基于国家目标和科学依据的决策。

基于这一原则,在应对气候变化和保护人民健康方面应当首先考虑后者。其理由是:我国居民目前面对着极其严峻的污染形势和健康问题,这些问题的产生主要源自国内各类污染源的排放。另一方面,由于历史原因,我国对全球气候变化的贡献仅占 10% 左右,而任何碳排放削减的效益在全球都是均衡的。作为尚有大量贫困人口和不发达地区的发展中国家,我们只应承担与贡献与国力相当的责任。

具体的污染物控制途径要科学决策。譬如,如其所述,简单替换电厂煤的做法在污染物减排方面并不是最有效的。相比之下,家庭燃煤和生物质炉灶的更替则可以事半功倍。再如,优先减少黑炭排放可以具有环境和气候双重效益。与之相反,其他颗粒物的削减虽然对健康有利,但在气候变化方面的作用是相反的,因为这些颗粒物会反射辐射,起到降温的作用。

总而言之,在应对气候变化和环境污染方面,任何决策都要基于国家的宏观目标和科学依据。现阶段特别需要系统、定量地研究各种减排措施的成本和效益。

城市煤炭削减政策评估
——以石家庄市为例

宋国君　李虹霖　孙月阳　赵文娟

中国人民大学环境学院

　　煤炭燃烧过程中可产生多种大气污染物,主要包括颗粒物、硫氧化物、氮氧化物、多环芳烃、重金属元素、氟和砷等。这些污染物不仅会对燃煤用户的室内空气质量和身体健康造成直接危害,还会影响周围大气环境质量,从而影响更大范围的人群健康。《大气污染防治法》(2000)标志着我国大气污染防治工作开始从浓度控制向总量控制转变,燃煤污染防治成为其中的重要环节,"禁燃区"开始作为改善城市空气质量的常规手段。但是,该时期的燃煤污染防治仍侧重于煤质管理。直至"十二五"期间,煤炭总量控制才成为国家层面的重要政策。2013 年,《大气污染防治行动计划》首次提出了制定全国煤炭消费总量中长期控制目标,作为重点区域的京津冀、长三角、珠三角也开始积极实施燃煤总量控制。但是,从我国历年能源消费结构及"多煤、少气"的能源特征来看,我国历史上及未来相当长的一段时间内,煤炭消费仍将占主导地位。

　　作为兼具工业生产与冬季采暖双重需求的耗煤大省,河北省 2012 年煤炭消耗占一次能源消耗的 89%,比全国平均水平高出近 20%,达到 2.71 亿吨标煤;其省会石家庄市煤炭消耗量为 6007 万吨标煤,占全部能源消耗的 85%,对 $\rho(NO_2)/\rho(SO_2)$ 值及其变化趋势的分析结果表明,该市空气污染特征仍以煤烟型污染为主。为全面改善全市空气质量,减少重污染天气的发生,2013 年 9 月,石家庄市委市政府联合发布了《石家庄市大气污染防治攻坚行动方案 (2013—2017 年)》(下文简称《方案》),制定了"到 2017 年,全市煤炭消费量比 2012 年净削减 1500 万吨(原煤)、煤炭占能源消费总量比重降低到 65% 以下"的五年行动目标,并陆续出台了一系列配套的工作方案和行动计划。从 2013 年至今,减煤政策文件每年均有更新,但政策手段和措施基本保持不变。

　　然而,从减煤政策的最终目标——空气污染防治来看,石家庄市的减煤行动似乎并没有收到良好的效果。《方案》实施两年后的 2015 年,该市环境空气质量优良天数全年占比为 49.3%，重污染 48 天，全年占比 13.2%；有 199 天首要污染物为 PM2.5，源解析结果显示，其中 28.5% 来自煤炭燃烧。2016 年冬季，京津冀地区出现多次区域性重污染天气，迫于环境压力，石家庄市政府下发《关于开展利剑斩污行动实施方案》，以全市所有钢铁、水泥、焦化等行业停产为代价，紧急应对雾霾的加剧与扩散。

由此可见，石家庄市当前的空气污染形势十分严峻，治理污染势在必行，然而现行政策并不能有效应对以上情况。政策评估是检验政策效果、效益和效率的基本途径，也在一定程度上决定政策的取向。煤炭削减政策是大气污染防治政策的重要组成部分，对减煤政策的评估是对大气污染防治政策进行优化的重要基础。目前国内对减煤政策的评价研究主要包含两个方向，其一是对政策目标的研究，研究煤炭控制总量的确定及其影响分析；其二是对政策对象的研究，研究总量控制背景下，电力、煤化工、民用散煤等领域的减煤必要性与政策建议。两类研究均以规范分析为主，侧重于对理想政策的设计。而对于现行政策本身的研究，则主要停留在综述的阶段。本文将主要着眼于现行政策，以石家庄市为例，采用环境政策评估的一般模式，基于已有的数据和信息对该市现行减煤政策进行综合评估。

一、评估框架

1. 评估目标及基本内容

通过对石家庄市减煤政策的目标、实施过程和政策效果与效率等内容进行分析，识别出当前减煤政策中存在的问题，为解决问题和政策改进提出建议。

环境政策目标可分为最终目标、环节目标和行动目标；政策的实施过程涉及政策手段的选择和管理体制、机制的建立；政策的效果包含直接效果与最终效果，主要通过目标的实现程度来测度；而政策的效率则需要采用成本效益分析的思想。

2. 评估标准

政策最终目标的实现与否是判断政策有效性的唯一和最终依据。城市减煤政策的最终目标是减少煤炭利用时大气污染物的排放,从而改善大气环境质量。具体目标是通过各类控制煤炭消费的政策手段减少全市煤炭消费量和各区域、各行业的煤炭消费量。在对政策目标进行评估时,不仅需要对目标本身的清晰性、合适性①进行评价,还需要评价各层次目标间的系统性和一致性。如果两者实现程度不一致,如具体目标的实现未导致最终目标的实现,就说明政策设计可能存在问题。对政策手段的评估也应围绕政策目标展开,手段选择的关键是以最经济有效的方法实现政策目标,评价标准包括确定性、经济效率、持续改进和公平性四个方面。政策效率的评估则是评估政策投入与产出的比率关系,在减煤政策的目标已明确的条件下,能以较低成本实现既定政策目标即为高效率的政策。

3. 评估范围及数据来源

本文评估的起始时间为 2013 年,以《方案》为核心内容。对煤炭削减政策的评估涉及煤炭消费量、空气质量的相关数据以及政策实施相关数据,这些数据主要来源于历年《能源统计年鉴》、石家庄市环境质量公报和石家庄市政府网站,同时部分数据来源于公开发表的学术论文及报纸、新闻网站等媒体渠道。

二、石家庄市减煤政策评估

1. 现行减煤政策总述

经总结,石家庄市现行减煤政策体系以《方案》为核心,包含一系列的年度工作方案和专项行动方案。如表 1 所示。

---

① 　合适的环境目标包括三层含义:①能够满足主要干系人的需求;②不能逾越政治、经济、技术发展的现状;③有一定的弹性。

表 1　石家庄市现行减煤政策

政策类型	文件名称	主要内容
制定煤炭削减目标	《石家庄市大气污染防治攻坚行动方案（2013 — 2017 年）》	到 2017 年，全市煤炭消费量比 2012 年净削减 1500 万吨（原煤）。煤炭占能源消费总量比重降低到 65％以下。
	《石家庄市削减 1500 万吨煤炭工作方案》	2013 年完成削减煤炭 300 万吨； 2014 年完成削减煤炭 400 万吨； 2015 年完成削减煤炭 400 万吨； 2016 年完成削减煤炭 300 万吨； 2017 年完成削减煤炭 100 万吨。 2017 年煤炭消费量比 2012 年净削减 1500 万吨。
	《石家庄市大气污染防治攻坚行动 2014 年工作方案》	全年净削减煤炭 400 万吨。
	《石家庄市大气污染防治攻坚行动 2015 年工作方案》	到年底确保煤炭消费量比 2014 年净削减 270 万吨，比 2012 年净削减 970 万吨。
	《石家庄市削减 1500 万吨煤炭任务分解方案》	削减煤炭任务分解到多个行业和企业，要求压缩产量、削减煤炭。
抑制煤炭增量	《石家庄市大气污染防治攻坚行动方案（2013—2017 年）》	禁止新建项目配套建设自备燃煤电站。除热电联产背压机组外，不再审批新建燃煤发电项目。耗煤建设项目要实行煤炭减量替代。
	《石家庄市 2016 年削减煤炭工作计划》	严格涉煤项目审批，需要新上用煤项目的在确保完成当地减煤任务的前提下，实行用煤量等量或减量替代。 严控高耗能行业扩大生产规模，对电力、焦化等行业实施综合节能减排改造，实现用煤量和排放量下降。 加强固定资产投资项目节能评估审查，严控高耗能项目审批。 2016 年各县（市）、区规上工业用煤量，扣除电力、洗煤行业后控制在 2015 年规上工业同期用煤量以内。 下达市内各发电厂煤耗总量控制指标，鼓励提高煤质减少煤耗。

续表

政策类型	文件名称	主要内容
各类工程减煤	《石家庄市大气污染防治攻坚行动方案（2013—2017年)》	2013年,全部完成二环至三环路之间287家餐饮服务单位燃煤大灶治理工作,对市区新发现的燃煤大灶坚决取缔。2015年年底前,其他县市区内餐饮服务单位全部完成燃煤大灶取缔工作。
	《石家庄市2016年削减煤炭工作计划》	实施淘汰燃煤锅炉工程,削减煤炭38.8万吨。 实施燃煤锅炉改造工程,削减煤炭6.38万吨。 实施农村散煤治理工程,削减煤炭10万吨。 实施型煤推广工程,削减煤炭12万吨。 实施工业节能技术工程,削减煤炭0.3万吨。 实施淘汰小火电机组工程,削减煤炭25.2万吨。
		实施煤改电工程,削减煤炭0.4万吨。 其他减煤工程,削减煤炭5.5万吨。 中国石化石家庄炼化分公司燃煤设施全部改用天然气或由周边电厂供气供电。
	《石家庄市散煤污染整治专项行动方案》	2016年10月底前,全市压减散煤20万吨以上,洁净燃料(包括洁净型煤、无烟煤、兰炭和生物质成型燃料,下同)替代散煤50万吨以上; 2017年10月底前,全市全面完成散煤压减替代,压减替代散煤300万吨左右。
	《石家庄市农村地区散煤压减替代工作实施方案》	2016年全市农村地区推广高效清洁燃烧炉具17万台,农村地区散煤压减替代50万吨。 2017年全市农村地区推广高效清洁燃烧炉具5万台,60%设施农业生产单位完成清洁燃烧改造。
划定禁燃区	《石家庄市大气污染防治攻坚行动方案（2013—2017年)》	2013年年底前,划定主城区为"高污染燃料禁燃区",并向社会公布,2015年城市核心区(市区一环)内实现无煤化。所有使用高污染燃料的,全部关停或迁出。
补贴	《石家庄市散煤污染整治专项行动方案》	对实施"煤改气"的居民分散燃煤采暖用户,按每户3900元给予财政资金补贴。 对2016年实施"煤改气"的居民用户当年每户给予900元运行补贴。

续表

政策类型	文件名称	主要内容
补贴	《石家庄市分散燃煤锅炉置换工作实施方案》	(一)每拆除1吨采暖燃煤锅炉、生产燃煤锅炉、茶浴锅炉市财政补贴3万元。 (二)燃煤锅炉改烧天然气锅炉的,给予如下优惠政策: 1.采暖燃煤锅炉、生产燃煤锅炉、茶浴锅炉改天然气锅炉的免收燃气接口费。 2.纯居民采暖燃煤锅炉改天然气锅炉的,每置换1吨市财政补贴10万元。 3.使用天然气锅炉为居民小区供热的,每个采暖季由市财政补贴5元/平方米。 (三)燃煤锅炉拆除接入集中供热的和区域集中供热的居民小区管网建设费按照40元/平方米(含热交换站建设)标准由市财政支付。 (四)纯居民小区改用环保锅炉的,市财政给予每吨位5万元的补贴。 (五)接入集中供热的原锅炉房和煤场占地纳入市政府土地收储计划,由政府统一支配。对拒绝收储的,由产权单位自行缴纳管网建设费。 (六)建设用地、管网路由、破路审批、树木移植、水、电、断交施工等工作由相应主管部门简化手续,减免费用。

2. 问题识别和确认

政策问题可以被定义为某种条件或环境,这种条件和环境会引起社会上某一部分人的需要或不满足,并为此寻求援助或补偿。对石家庄市的减煤政策而言,最终是要解决大气污染问题。燃煤源是石家庄市重要的大气污染源,减少煤炭使用能够在一定程度上控制空气污染。但是,在居民对清洁空气存在需求的同时,煤炭作为一种廉价能源,在工业生产和居民生活中也占据着重要地位;在替代措施不完善、减煤成本过高的情况下盲目地要求煤炭减量,会不可避免地使燃煤用户受到福利损失,从而产生新的政策问题,使减煤任务受阻。因此,在制定减煤政策时,管理者需要从成本收益的角度出发,将居民的现实需求和经济承受能力纳入考虑,寻求能够低成本、高效率地改善空气质量的减煤方式,而不是盲目地要求快速削减煤炭消费量。

资源禀赋特点、价格优势和低技术门槛,使得我国能源结构中高度依赖煤炭的局面短期内不会改变,煤炭的替代和减量必然是一项长期过程。而煤炭利用的普遍性和分散性,使得燃煤源数量难以统计、排放行为难以监测,单纯依靠行政管制难度大、成本高,难以形成持续激励。并且,由于大气传输作用,局部的整治效果有限,需要区域的协同管理。

根据以上分析,管理者在制定减煤政策时,需要考虑以下问题:

(1)居民对能源的需求是刚性的,如果煤炭消费量下降,替代能源的供给水平是否能够满足用户需求,供给渠道是否通畅,能源价格能否为居民所接受。

(2)对于用户来说,替代能源的配套设施是否完善,是否存在技术上的困难。

(3)如何督促广大的煤炭消费者自觉减煤,降低管理压力和成本。

(4)从统筹全局的角度出发,寻求区域共同改善的方法,不能单纯通过污染源迁移等方法实现局部的煤炭消费下降。

3. 政策目标评估

目标应该是清晰的、可测量的、合适的。石家庄现行减煤政策是 2013 年大气污染防治攻坚行动中的一项重要内容,其针对的是大气污染问题。因为城市燃煤是大气污染物 SO_2 的主要产生源,对大气污染物 NO_2、PM 等的增加也有重要贡献,故而需要对燃煤量进行削减。《方案》中政策目标体系分解如图 1 所示。

从最终目标的实现程度来看,到 2015 年为止,石家庄与燃煤直接相关的 SO_2 污染物仍存在较为严重的日均值超标现象,且没有明显的逐年改善趋势。这表明石家庄的燃煤减量政策的最终目标并没有实现。但是石家庄 2012 年即制定了燃煤总量减量的目标,且有统计数据(2012 年减煤 152 万吨,2013 年减煤 310 万吨,2014 年减煤 700 万吨)表明燃煤量削减的确实性。从技术的角度分析,燃煤量的削减必然会带来燃煤源污染的减少,当前这种燃煤减量而污染未改善的情况,意味着减煤政策的目标设定存在问题,或者目标执行过程中产生了偏差。但是由于缺乏相关的执法记录,难以对其真实原因进行探究。

从政策对象定位的准确性、目标制定的合适性、目标界定的清晰性、各层次目标的系统性以及控制行动的成本效益分析等角度看,石家庄的现行减煤政策目标存在以下问题:

(1)政策对象定位不准确,没有识别出对石家庄市空气污染影响最恶劣的低效燃煤用户。现行的减煤政策的各个层次的目标都是针对总煤炭消费量的

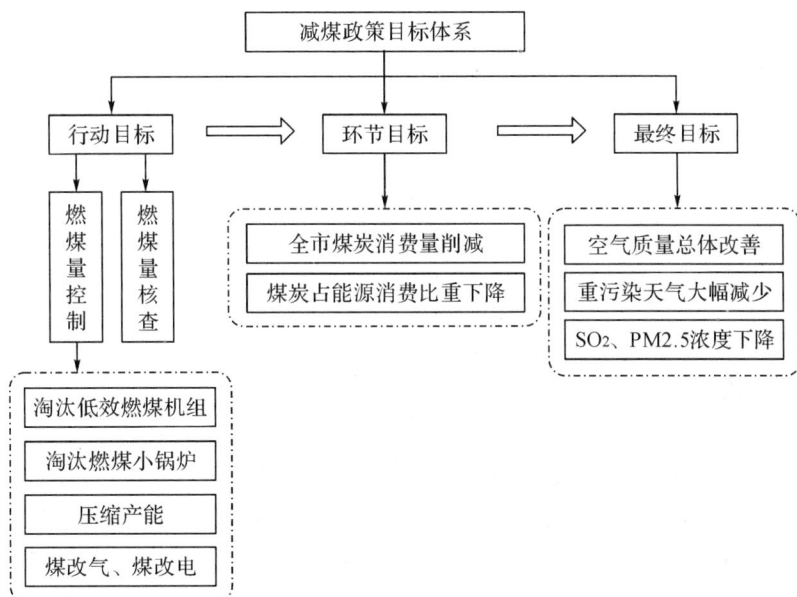

图 1 石家庄减煤政策目标分解

削减。而实际上大型火电厂对废气排放有严格的管控措施,燃煤利用效率高,单位产出的污染较小;相反地,城区内广泛分布的低效燃煤(如小型热电厂、一般工业锅炉)则具有热效率低、单位产出耗煤量大、污染处理设施不完善的特点。在当前的减煤政策设计中,由于大型电厂燃煤量大,统计数据易获取,往往承担了更大的减煤责任,但针对其高效利用、低污染排放的特点而言,减煤不仅需要付出高额成本,带来的空气质量改善效果也并不明显。反而对燃煤污染水平更高的低效燃煤用户却由于燃煤量相对较小而被排除在了管理对象之外。

(2)目标设计缺乏科学依据,合适性难以保证。石家庄市在没有详细的燃煤用户统计清单的情况下就设定了煤炭减量1500万吨的目标,并在此基础上进一步划分了年度目标和具体行动目标,这意味着"1500万吨"这个数值的科学性将直接影响到石家庄市五年间的减煤效果;如果这一目标不能适应当前的经济社会发展状况,或者不能达到预期的空气质量改善效果,这期间付出的经济与环境成本是不可收回的;但是,政府并没有公布这一数值确定的依据和证明其科学性的有效证据,也没有根据现实情况对目标进行及时调整的评估和反馈机制。

（3）目标界定不清晰。第一，"全市煤炭减量 1500 万吨"、"2016 年实施淘汰燃煤锅炉工程，削减煤炭 38.8 万吨"此类目标的设定并没有以清单或者标准的形式对减煤任务的承担者进行明确。全市的煤炭用户包括大型电厂用煤、一般工业用煤、商业用煤、非集中采暖用煤、居民用煤、煤化工行业用煤，不同用户在燃煤效率、减煤潜力和煤炭依赖程度等方面存在明显差异；而管理者在制定政策时并没有对这些用户进行详细的统计分类。第二，没有完整的目标实现程度测定机制。减煤量如何核定、由谁负责核定、需要达到何种标准、未完成目标由谁承担责任等问题都没有明确的说明。对目标的描述不够清晰，实际落实过程中就存在极大的随意性，政策的确定性受到影响，公平性也容易受到质疑。

（4）各层次目标的系统性和一致性不强。石家庄市减煤政策以控制大气污染为最终目标，以全市煤炭削减为一级目标，此处即产生了政策对象的偏移。在无法实现完全燃煤替代的前提下，不区分煤炭利用方式的减煤会直接影响空气污染控制效果，高效、清洁利用的煤炭即使大幅削减，对空气改善的贡献也是有限的。在一级目标之下，石家庄市制定了各类工程减煤的二级目标，以工程改造的实现程度作为减煤目标实现程度的判据，政策的目标又发生了偏移。例如，锅炉的拆除看似能够减少燃煤，但用户对能源的需求是依旧存在的，如果锅炉拆除带来了其他锅炉燃煤量的增加，依靠这种方式核定的减煤量就是不准确的。

（5）缺少成本效益分析环节。对于燃煤减量政策而言，其政策成本在于增加的政府管理成本和政策造成的社会福利损失。具体来说，包括政策制定的信息成本、协商成本、政策执行的财政补贴成本、监管与核查成本，以及由于减煤造成的企业成本增加和社会就业降低等。其政策收益在于燃煤减量的节能效益、环境效益、健康效益和能源替代带来的企业生产效率提高等。政府在确定政策目标时，没有对以上内容进行必要的调查与估算，因此目标的量化标准（现为 5 年削减 1500 万吨）未必是经济发展与空气质量权衡下的最优结果，未区分燃煤品质的总量减煤政策的改造成本与改造收益也并不成正比。

4. 政策手段评估

石家庄现行的减煤政策包括制定煤炭削减目标、抑制煤炭增量、各类工程减煤、划定高污染燃料禁燃区、减煤相关补贴等。其中前四项主要为命令控制型手段，最后一项为经济激励手段中的补贴手段。

　　从政策的总体设计来看,石家庄现行减煤政策以命令控制型手段为主,通过制定目标、限制增量、削减用量、核心区禁燃、煤质管理的手段对煤炭消费情况进行直接控制,辅以补贴为主的经济激励,政策的确定性较强;成本高,经济效率较低;公平性和持续改进性不足。

　　对于命令控制型手段而言,首先需要有明确的法律依据。在法律的框架内,设置一个明确的政策目标,然后通过强制要求或禁止政策对象采取某种行为而达到目标。目标设定的合理性、管理部门的监管能力、处罚措施的威慑力都会影响命令控制手段目标的实现。针对以上问题,石家庄市减煤政策存在部分政策的法律依据不充分、缺少证明目标合理性的有效判据、监管机制不完善以及处罚措施不明确等现象。下面对其进行具体分析。

　　第一,严格控制煤炭新增量。政策确定性强,公平性和弹性不足。限制新增燃煤是对燃煤规模的源头性限制,抑制燃煤增长的效果是确定的。但是削减低效燃煤、控制分散采暖,必然地会增加热电厂的供暖负担,导致燃煤量的增加;禁止所有新建燃煤项目导致政策弹性下降。此外,在燃煤减量的总目标下,公平性原则要求给予有不同燃煤需求的用户合理的燃煤机会,为减煤能力不同的用户分配合理的减煤责任。石家庄市暂停审批新建燃煤锅炉的做法,剥夺了新企业的燃煤权力,而允许现有燃煤企业继续生产、继续燃煤、继续污染,不符合公平性原则。

　　第二,削减煤炭消费量。政策确定性和经济效率均不足。"应拆尽拆,非拆即改"的原则法律依据不充分,也缺少必要的论证和说明。依据我国依法行政的诚实守信原则[①],行政机关不得随意撤销、变更已经生效的行政许可决定;因国家利益、公共利益或其他法定事由需要撤回或变更行政决定的,应当依照法定权限和程序进行,并对行政管理相对人因此受到的财政损失依法予以补偿。石家庄市对于燃煤锅炉"应拆尽拆,非拆即改"的做法违背了以上原则。其一,行政管理相对人已经获得安装锅炉、生产的许可,并产生了信赖利益,此时,行政机关再作出拆除、改造的行政决定就损害了行政管理相对人的信赖利益。其二,为防治污染进行燃煤锅炉拆除或改造符合变更行政决定的条件,但是对于锅炉拆除或改造给行政管理相对人带来的经济损失,现行的补贴标准并不能有效覆盖成本,变更行政决定的成本有很大一部分由相对人承担。而且,此处没有界定"应拆"的判断标准或者对象清单,难以保证执法的确定性;在没有明确的拆除方式和配套拆后措施的前提下进行锅炉拆除,可能影

---

　　① 参见 2004 年 3 月 22 日国务院文件《全面推进依法行政实施纲要》。

响企业正常的生产计划,造成较大的经济损失,造成不合理的减煤成本。

第三,核心区禁燃。所有使用高污染燃料的,全部关停或迁出。政策确定性强,但弹性不足。划定核心区的做法是从保护公众健康角度出发的一项特殊举措,实际上是对燃煤减量任务在地域范围上的主次进行了一定的区分,提高了政策效率,政策目标明确。但是直接进行企业关停和禁燃的做法法律依据不充分。我国《大气污染防治法》中对禁燃区的规定是:"城市人民政府可以划定并公布高污染燃料禁燃区,……在禁燃区内,禁止销售、燃用高污染燃料;禁止新建、扩建燃用高污染燃料的设施,已建成的,应当在城市人民政府规定的期限内改用天然气、页岩气、液化石、油气、电或者其他清洁能源。"这意味着,法律明确赋予了核心区燃煤用户进行整改的时间,政府应当允许其制定限期改造计划,实现燃煤生产的逐步替代。

对于经济激励型手段而言,只有当经济刺激能够影响到当事人的行为选择、使其倾向于选择环境友好行为时,此种方式才是有效的。而且,经济激励手段也需要法律法规支持,并符合一定的原则。

石家庄市采用的主要是经济激励手段中的补贴手段,即分散燃煤采暖锅炉置换补贴。事实上,这种补贴违背了污染者付费原则,而且政策加重了财政负担,却不能产生有效的激励。首先,对于污染治理水平低的分散燃煤采暖锅炉,应由污染者承担治理和改造成本,用一般税收进行补贴是将污染治理责任转嫁给了所有纳税人,不符合污染者付费原则。其次,补贴对象是拆除的燃煤锅炉而不是减煤量,目标的针对性不强;对个体而言,只能在"拆"或"不拆"之间进行选择,在完全替代和不替代之间进行选择,而不能在减煤的数量上进行选择,政策缺乏灵活性。补贴额度按照锅炉蒸吨确定,没有考虑到实际的锅炉负荷。如果拆除的锅炉一直处于低负荷运行状态,燃煤量很低,按照额定负荷进行补贴实现锅炉替换,实际的减煤效果并不明显。而且,从总体情况来看,目前的补贴标准较低,难以对燃煤用户形成有效的激励,在政府强制减煤的要求下,部分企业甚至出现了夜晚"偷烧"的现象。

总体上看,石家庄市的减煤政策中对劝说鼓励型手段的应用较少,仅有"鼓励使用太阳能、地热能等清洁能源"等说法,没有具体的措施描述;信息公开机制也不完善,影响公众参与的积极性。事实上,从长期来看,劝说鼓励型手段的运用是成本收益比最高的,能够对环境改善产生根本性的、持久的影响。这也是石家庄市后续减煤行动中需要加强的部分。

5. 管理体制评估

石家庄市的减煤政策文件几乎全部由市政府发布,涉及的管理部门和执行部门众多,但任务分工不明确,且缺少协调机制。在减煤工作中,涉及的督导部门包括市发改委、市统计局、市工信局、市环保局;责任部门包括各县(市)、区政府,高新区、循环化工园区、空港工业园区、正定新区管委会。管理的纵向层级过多、横向幅度过大,增加了政策制定和执行的协调成本;各部门的责任分工不明确,政策落实没有明确责任人,一旦出现问题难以及时问责,影响政策效率;并且,各部门也基本没有公开相关的执法记录,具体执法过程难以考察。

6. 管理机制评估

(1)信息机制

完善的信息机制要求信息的供给与需求对称。第一,决策的形成要建立在充分的信息基础上,以保证决策的科学性。第二,决策的执行效果要通过完整的核查信息进行体现,核查结果应与监测结果能够互相印证。在政府制定减煤政策时,首先需要获取燃煤用户清单,并进行减煤替代成本调查,以此确定燃煤削减的基准量和企业减煤的承受能力。在落实减煤政策时,政府需要制定核查计划和监测计划,将核查结果与监测结果一起公开,便于对减煤政策的污染控制效果进行评价。

针对以上问题,石家庄煤控项目的信息机制并不完善,首先是制定减煤目标时的决策信息获取不充分,没有列出详细的燃煤用户清单,导致政策对象模糊,执行时随意性较大,提高核查难度;没有进行替代成本调查和替代能源潜力分析,在替代供热、供气渠道不完善的情况下强行整改、拆除锅炉,影响用户正常的生产生活。其次是实际煤炭消费量和削减量的具体核查信息未公开,公布的统计信息与空气质量监测和排放监测结果不相符。虽然有以城市为单位的减煤量数据表明石家庄的减煤工作卓有成效,但是从空气质量监测结果来看,石家庄的二氧化硫和颗粒物浓度并没有显著降低,空气污染形势依旧严峻。这说明已有的统计信息很有可能并不完善,还存在大量未被统计的低效燃煤行为,这正是由信息机制不完善所导致的。最后,石家庄市的减煤政策没有形成有效的公众参与机制。政府决策过程中没有实现与公民、法人和其他组织的充分沟通;配套的环境信息发布平台信息披露也不充分,对公众监督造成障碍。

（2）资金机制

按照污染者付费原则，燃煤用户尤其是低效燃煤用户燃煤过程中排放的污染物对空气质量造成了不利影响，理应承担治理责任，不应该由政府通过财政进行直接补贴。石家庄市按照锅炉规模对拆除锅炉的用户进行补贴的方式，实际上是将减轻污染排放的责任转嫁给了一般纳税人，缺乏公平性，也增加了高额的财政负担。此外，石家庄市减煤过程中的资金机制透明程度严重不足。资金的来源、用途、数额都没有进行公开，也没有公布资金使用的优先性排序和费用有效性评价结果等。

（3）核查机制

核查机制主要指对燃煤用户实际减煤量的核查。目前的减煤量计算主要以各责任部门削减量达成清单的方式上报，政府按照减煤计划的削减任务，以年为单位进行统计，缺少现场核查环节，难以保证数据的真实性。同时，核查结果没有对社会公开，难以实现公众对执法和守法者的监督。

但是，核查是减煤政策执行过程中的重要环节，核查结果是判定减煤目标实现程度的主要判据。如果要保证减煤数据的可靠性、保证空气污染的控制效果，必须建立完善的核查机制，形成燃煤用户清单，统计各用户实际煤炭消费量、实际煤炭削减量，并对相关的减煤措施和能源替代途径的真实性进行核查，杜绝虚报、偷排的现象。

（4）处罚机制

石家庄市以命令控制型手段为主的减煤政策决定了制定配套处罚机制的必要性。如果处罚手段不够明确和严格，那么违法成本过低，威慑力不足，难以保证政策目标的实现。但是，从石家庄现行的减煤政策来看，完整的处罚机制尚未建立，超额煤炭消费没有明确的处罚措施，整治燃煤小锅炉只能依靠行政力量强制执行，并且需要支付高额行政成本。目前，只有对环保设施建设运行不力这一项违法行为的处罚有明确的法律依据，可以依法执行企业关停或罚款处罚。但是，我国的行政处罚制度设计，从一开始就没有计算违法成本与制裁效果之间的关系，而从目前行政执法的效果看，当事人违法的成本并不大。而对于石家庄市，减煤政策的处罚措施尚不明确，违法所得缺乏界定，罚款标准未公开，罚款额度的合理性更是无从谈起。这些处罚机制上的缺陷极大地削弱了管制性政策的威慑力，在高额违法收益的利益驱动下，企业违法的动机大大增加。

7. 评估结论

石家庄市的减煤政策以命令控制型手段为主的政策体系设计相对提高了政策的确定性,因此行动目标的实现程度较好。但是,由于政策对象定位不准确,目标不清晰,各层次目标之间缺乏系统性等问题,行动目标对最终目标的实现贡献程度有限,即石家庄市的大气环境质量并没有得到明显改善。此外,法律依据不充分、管理体制臃肿低效、管理机制不完善等问题削弱了命令控制型手段的管理效果;经济激励手段设计的不合理以及劝说鼓励手段的缺失也对政策的效率和持续改进性构成了阻碍。总体来说,石家庄市的减煤政策还有较大的改进空间。

三、评估结论和政策建议

1. 评估结论

(1)城市减煤政策应该以空气污染防治为核心,以现实条件为基础

具体来说,目前的煤炭消费量全面削减的政策是不合理的,应当首先识别出市区内分散分布的、缺乏污染处理设施的、对空气污染影响最为恶劣的低效燃煤用户。在识别出正确的政策对象后,需要统计低效燃煤用户的煤炭消费清单,并进行简单的煤炭削减替代成本调查,以此确定减煤目标的基准值和量化指标。

(2)已有的减煤政策缺乏设计,未充分考虑干系人需求

管理者需要意识到煤炭作为一种能源,是煤炭用户用以实现一定的生产或者生活需求的;对于煤炭削减或者替代,用户一定会承担部分的经济损失,这些问题和居民对环境质量的需求同样会影响人民的福利。因此,在减煤过程中,"一刀切"的政策和不计后果的"拆、改"很容易造成不必要的福利损失。应该适度放宽直接的管制手段,给予用户一定的选择空间。

(3)政府管理模式复杂,行政成本高、效率低

管理体制的设计和实施机构的选择应以能够充分发挥机构的优越性,以较低成本实现政策目标为宜。当前高度依赖行政手段的减煤政策对政府的人力、财力支出提出了较高要求,多层级、多部门、缺乏协调机构的管理体制又增

加了沟通成本,因而实际的行政成本偏高。而由于政策的执行程序不固定,各部门承担的职责不明确,机构选择的合适性难以评估;政策各环节没有明确的责任人,不能建立起高效的问责机制,影响了政策执行的效率。

2. 政策建议

（1）低效燃煤减量目标

建议改变目前"针对总燃煤量制定减量目标,再根据目标进行任务分配"的目标制定模式。首先,应以低效燃煤为优先减量对象。其次,应采用先统计政策对象清单,再制定减量目标的方式,而不是先确定目标,再寻找政策对象。在衡量目标的实现程度方面,还应以实际燃煤量的核查为依据,不能通过减煤措施的实现程度来估算减煤量,以避免忽略在拆除锅炉的同时,未拆除锅炉燃煤量增加等现象。此外,减煤目标的实现与否最终还是要落实到空气质量改善程度上。

（2）减煤管理模式转变

将目前"制定目标—强制拆改"的方式转变为"核定总量—分配配额—配额交易"的管理方式,在制定减煤目标后,利用配额交易的方式,借助市场的作用,让煤炭依赖性小、减煤成本低的用户首先减煤,减煤难度大的用户通过购买配额的方式为总体的减煤行动付费。随着生产技术的改进和替代能源供应的加强,可逐渐推进全市低效燃煤的削减和替代,以此实现成本最小化和效益最大化。

（3）政府管理体制改革

目前的管理的部门和层级需要进行简化,减少不必要的协商成本。如果采取城市低效燃煤配额交易的方式,行政管理可以简化为两个环节:目标的制定和煤炭用量的核查。由至多两个行政部门管理即可,政府只需要把握规则的制定和违规的处罚,其他的技术性工作可以委托第三方办理,结果由政府验收并向社会公开。

参考文献

[1] 陈潇君,金玲,雷宇,等.大气环境约束下的中国煤炭消费总量控制研究[J].中国环境管理,2015(5):42-49.

[2] 柴发合,薛志钢,支国瑞,等.农村居民散煤燃烧污染综合治理对策

[J].环境保护,2016(6):15-19.

[3] 关保英.行政处罚中行政相对人违法行为制止研究[J].现代法学,2016(6):33-44.

[4] 郭丕斌,周喜君,李丹,等.煤炭资源型经济转型的困境与出路:基于能源技术创新视角的分析[J].中国软科学,2013(7):39-46.

[5] 李增林.我国散煤治理现状及措施[J].煤炭加工与综合利用,2017(1):4-6+14.

[6] 陆雅静,王辉,鲍晓磊,等.石家庄市2005—2012年环境空气质量变化及影响因素分析[J].河北工业科技,2014(5):401-406.

[7] 罗宏,张保留,吕连宏,等.基于大气污染控制的中国煤炭消费总量控制方案初步研究[J].气候变化研究进展,2016(3):172-178.

[8] 魏国强,崔桂芳,宋艳彬.京津冀各地散煤治理经验探析[J].环境保护,2016(6):28-34.

[9] 魏星.煤燃烧和机动车排放对空气质量的影响[D].复旦大学,2011.

[10] 宋国君.环境政策分析[M].北京:化学工业出版社,2008.

[11] 宋国君,金书秦,冯时.论环境政策评估的一般模式[J].环境污染与防治,2011,33(5):100-106.

[12] 宋国君,马中,姜妮.环境政策评估及对中国环境保护的意义[J].环境保护,2003(12):34-35.

[13] 许光清,董小琦.基于合作博弈模型的京津冀散煤治理研究[J].经济问题,2017(2):46-50.

[14] 易爱华,丁峰,胡翠娟,等.我国燃煤大气污染控制历程及影响分析[J].生态经济,2014(8):173-176.

[15] 余熙.我国煤炭总量控制对关联产业的影响[J].常州大学学报(社会科学版),2016(6):57-62.

[16] 袁家海,徐燕,雷祺.电力行业煤炭消费总量控制方案和政策研究[J].中国能源,2015(3):11-17.

[17] 张伟,王金南,蒋洪强,等.《大气污染防治行动计划》实施对经济与环境的潜在影响[J].环境科学研究,2015(1):1-7.

[18] 张有生,苏铭.严守资源环境红线控制煤炭消费总量[J].宏观经济管理,2015(1):43-47.

[19] 张军,王圣.我国煤炭消费总量控制政策阶段分析及思考[J].环境保护,2017(7):44-46.

[20] 周学双,赵秋月.对我国煤炭利用与煤化工产业发展的环保思索
　　　[J].中国煤炭,2009(11):106-109.

[21] 中国煤控项目.中国煤炭消费总量控制规划研究报告[R]."建言十
　　　三五·中国煤控规划研究"国际研讨会,2015.11.

[22] Sun D, Fang J, Sun JQ. Health-related benefits of air quality im-
　　　provement from coal control in China: Evidence from the Jing-Jin-Ji
　　　region[J]. Resources, Conservation & Recycling,2016.

[23] Yang X, Teng F. The air quality co-benefit of coal control strate-
　　　gy in China[J]. Resources, Conservation & Recycling,2016.

[24] 北京日报.石家庄计划 4 年减煤 1500 万吨[EB/OL]. http://
　　　news. 163. com/14/0210/02/9KMICHJM00014AED. html.

[25] 石家庄日报.到 2017 年石家庄市削减 1500 万吨煤炭[EB/OL]. ht-
　　　tp://www. ccoalnews. com/101778/101799/227126. html.

[26] 石家庄新闻网.去年石家庄市压减燃煤 700 万吨规模以上工业减煤
　　　任务超额完成[EB/OL]. http://news. xinhuanet. com/house/sjz/
　　　2015-02-02/c_1114213962. htm.

[27] 中国环境报.河北 11 市完成 PM2.5 源解析污染源各不相同[EB/
　　　OL]. http://hebei. hebnews. cn/2015-05/15/content_4773685. htm.

[28] 中国投资咨询网.煤炭消费占比降低[EB/OL]. http://www.
　　　ocn. com. cn/info/201309/meitan445181555. shtml.

[29] 中国煤控项目.煤炭消费减量化对公众健康的影响和可避免成本
　　　[EB/OL]. 2015. 4. http://www. wwfchina. org/content/press/
　　　publication/2015/publication-20150409-coal. pdf.

[30] 中央政府门户网站.年度减煤 152 万吨 石家庄重拳改善空气和水
　　　质量[EB/OL]. http://www. gov. cn/gzdt/2013-03/20/content_
　　　2358231. htm.

气候变化背景下的行业碳减排研究

——以电力行业为例

徐 鹤[1,2]　冯祥玉[1]

(1. 南开大学 环境科学与工程学院 天津 300350;

2. 南开大学 生态文明研究院 天津 300350)

一、引　言

在全球治理气候变暖的大背景下,作为世界上二氧化碳排放量最多的国家,中国二氧化碳减排的压力巨大[1]。为积极回应《巴黎协定》,中国政府承诺在 2030 年之前达到碳排放峰值。虽然自 2005 年以来,中国碳排放强度已经累计下降了约 35%,但是"十一五"和"十二五"期间中国的能源活动二氧化碳排放量仍然分别增长了约 20 亿吨和 15 亿吨,占全球年增量的 2/3 左右。这样迫切的情势使基于峰值约束的碳排放增量与总量管理的倒逼政策越来越受到关注。中国的碳排放管理机制也将由当前的强度控制逐步转向增量控制和总量约束,因此,对于碳排放总量控制的研究十分必要。

二氧化碳的排放与产业部门的生产活动息息相关,产业部门之间不仅具有复杂的碳流动联系,而且存在很大的碳排放量差异。从行业层面进行二氧化碳总量约束研究,衡量行业的实际碳需求,针对主要的"耗碳"行业进行碳总量约束,对顺利完成 2030 年碳排放总量达峰的战略目标具有重要意义。

目前,在行业碳排放方面,研究主要有以下几点:行业碳排放强度的分解[2-6]、行业的碳减排路径分析[7-13]、行业碳排放因素的分解[14-21];在二氧化碳转移流动方面,研究主要集中在区域层面[22-28];目前针对行业层面二氧化碳流动转移的研究很少,仅有的研究也是集中于产业群之间的碳排放关联度方面[29-31],这些研究主要是对各产业群碳排放关联度大小的对比研究,没有深入分析每个产业之间二氧化碳排放输入与输出的流动关系。但是以上关于产业群之间碳排放关联度的研究在一定程度上反映了产业群的碳关联特征，为进一步的研究奠定了基础。不过，从识别主要"耗碳"行业、完整地体现整个经济系统中各行业之间二氧化碳转移流动的角度来说，以往的研究还存在一定不足。目前，对于电力行业碳排放的研究主要集中在以下几个方面：对电力行业碳排放强度的研究[32-33]；电力行业二氧化碳排放量驱动力的研究[34-36]等。因为电力行业表观上的直接碳排放很高，因此，传统的认识认为控制碳排放也应该从电力行业入手，但是这种思想没有从生命周期的视角考虑电力行业实际消费的碳排放。运用投入产出法，能够完整地体现经济系统中电力行业与其他行业的供需关系，根据各个行业之间的产品链，追溯隐含碳的实际消耗源。结合假设抽取法的思想，能够将关键的行业抽取出来进行重点分析。因此，本文刻画了经济系统中 30 个行业之间的碳排放流动转移路径，理清了经济系统中二氧化碳的主要流向，衡量了产业部门的实际碳需求，识别出中国主要的"耗碳"行业。运用投入产出表中各行业部门之间的关系，结合假设抽取法，定量分析计算了电力行业的二氧化碳行业驱动来源。

二、模型构建与数据来源

1. 模型构建

本文利用投入产出表中各行业之间的关联关系，结合假设抽取法的原理，将电力行业从经济系统中抽取出来，定量分析其与其他行业之间的碳排放关联。假设抽取法（Hypothetical Extraction Method，HEM）与投入产出法相结合的方法，被广泛地应用于经济系统中重点行业的识别。假设抽取法最早由Schultz[37] 提出，又经 Cella[38] 发展和完善，加入了产业间的后项关联、前项关联的概念。假设抽取法的基本思路是通过从经济系统中抽取出一个产业部门或几个产业部门组成的产业群，通过抽取前后产出的变化来衡量所抽取出来的一个或几个行业对整个经济系统的影响[30]并定量反映部门关联。该方法的优势在于：完全考虑到了产业部门间的前向关联效应和后向关联效应，可以对产业部门所起到的重要性进行完整的排序。假设抽取法是识别部门重要性，以及在多部门模型中得到关键部门的很好方法[40]。

考虑到开放经济系统中进口商品的影响，直接消耗系数 A 可分解为进口商品的直接消耗矩阵 A^m 和国产商品的直接消耗系数矩阵 $A^{d[29]}$,且 $A=A^m+A^{d[41]}$。根据简化的非竞争型投入产出表,认为进口的商品等比例地用于了中间使用和最终使用之中[42],具体计算公式如下:

$$A_m = \frac{M}{X+M-E}A \tag{1}$$

$$A_d = A - A_m \tag{2}$$

其中:X 表示总产出矩阵,M 表示进口矩阵,E 为出口矩阵。

因此,消除进口因素影响的一国的总产出为:

$$X^d = (I-A^d)^{-1}Y \tag{3}$$

根据投入产出模型,总隐含碳排放量:

$$F = T \times X \tag{4}$$

T 为直接碳排放强度,X 为总产出。

i 行业的直接碳排放强度的计算公式[43]如下:

$$T_i = \frac{\sum_{j=1}^{8} P_{ij}V_j f_j \times \frac{44}{12}}{X_i} \tag{5}$$

f_j 是第 j 种能源的二氧化碳排放系数,P_j 是 i 部门对 j 种能源的实物消耗量,本文选取煤炭、焦炭、原油、汽油、煤油、柴油、燃料油、天然气 8 种能源。V_j 表示第 j 种能源的燃料标准煤换算系数,X_j 表示 i 行业的总产出。

修订之后,消除进口因素影响的 i 行业的直接碳排放强度 T_i:

$$T_i = \frac{\sum_{j=1}^{8} P_{ij}V_j f_j \times \frac{44}{12}}{X_i^d} \tag{6}$$

假设抽取法的原理是将一个或几个产业从经济系统中抽取出来,比较抽取前后经济系统的变化,从而确定所抽取产业对经济系统的影响。

在本文中,我们采取单个行业抽取的方法,进行逐一分析。抽取出来的产业部门称为 R_s,剩余的产业称为 R_{-s}。则投入产出关系可以表示为:

$$\begin{bmatrix} X_s \\ X_{-s} \end{bmatrix} = \begin{bmatrix} A_{s,s} & A_{s,-s} \\ A_{-s,s} & A_{-s,-s} \end{bmatrix} \begin{bmatrix} X_s \\ X_{-s} \end{bmatrix} + \begin{bmatrix} Y_s \\ Y_{-s} \end{bmatrix} \tag{7}$$

$\begin{bmatrix} X_s \\ X_{-s} \end{bmatrix}$ 为总产出向量,$\begin{bmatrix} A_{s,s} & A_{s,-s} \\ A_{-s,s} & A_{-s,-s} \end{bmatrix}$ 为直接消耗系数矩阵,$\begin{bmatrix} Y_s \\ Y_{-s} \end{bmatrix}$ 为最终使用列向量。

里昂惕夫逆阵可以表示为:

$$(I-A)^{-1} = \begin{bmatrix} \Delta_{s,s} & \Delta_{s,-s} \\ \Delta_{-s,s} & \Delta_{-s,-s} \end{bmatrix} \tag{8}$$

根据 Rosa Duarte[44]的资源产业关联度的基本理论方法,产业群的碳排放关联存在以下关系式:

$$内部排放(\text{IE}) = T_s(I-A_{s,s})^{-1}Y_s \tag{9}$$

$$复合排放(\text{ME}) = T_s[\Delta_{s,s} - (I-A_{s,s})^{-1}Y_s] \tag{10}$$

$$净后向关联排放(\text{NBLE}) = T_{-s}\Delta_{-s,s}Y_s \tag{11}$$

$$净前向关联排放(\text{NFLE}) = T_s\Delta_{s,-s}Y_{-s} \tag{12}$$

$$净排放(\text{NTE}) = \text{NFLE} - \text{NBLE} \tag{13}$$

内部排放是指产业部门为生产本部门产品或服务等活动,在本部门内部产生的直接碳排放;复合排放是指一个产业部门的产品或服务被其他产业部门购买作为中间使用,生产的产品又被提供原材料的产业部门回购作为原料继续进行生产活动所产生的碳排放;净后向关联排放是指行业的二氧化碳净输入,是产业部门为了本部门正常生产活动的进行,通过从其他产业部门购进产品或服务等行为直接或间接地吸收的其他产业部门的碳;净前向关联排放是指行业二氧化碳的净输出,是指随本产业部门的产品或服务链而流向其他产业部门并且不再被本产业部门回购的二氧化碳。

2. 数据来源

本文的研究数据来自于 2012 年全国投入产出表[45]和 2013 年中国能源统计年鉴中的分行业能源消费总量[46]。由于能源统计年鉴中能源消费总量中行业统计划分的限制,本文选取了 30 个产业部门为研究对象。本文研究的能源包括:煤炭、焦炭、原油、汽油、煤油、柴油、燃料油、天然气 8 种,能源潜在排放系数取自 2006 年 IPCC 国家温室气体清单指南[47];燃料标准煤转换系数取自 2013 年中国能源统计年鉴[46]。

三、结果与分析

1. 我国各行业隐含碳排放分解分析

我国 2012 年的行业碳排放核算结果如表 1 和图 1 所示:

表 1 各行业二氧化碳排放量分解 单位:亿吨

行　业	IE	ME	NBLE	NFLE
农林牧渔产品和服务	0.31	0.02	2.68	0.57
煤炭采选产品	0.15	0.00	0.09	6.50
石油和天然气开采产品	0.02	0.00	0.09	1.00
金属矿采选产品	0.00	0.00	0.04	0.22
非金属矿和其他矿采选产品	0.00	0.00	0.01	0.40
食品和烟草	0.54	0.04	4.64	0.32
纺织品	0.06	0.00	0.44	0.40
纺织服装鞋帽皮革羽绒及其制品	0.07	0.00	4.04	0.01
木材加工品和家具	0.06	0.00	1.23	0.06
造纸印刷和文教体育用品	0.37	0.01	1.81	0.53
石油、炼焦产品和核燃料加工品	2.17	0.13	0.69	23.12
化学产品	1.48	0.09	4.49	6.19
非金属矿物制品	0.43	0.01	0.93	5.03
金属冶炼和压延加工品	1.13	0.07	1.33	20.90
金属制品	0.04	0.00	2.88	0.12
通用设备	0.21	0.01	5.93	0.20
专用设备	0.11	0.00	6.54	0.04
交通运输设备	0.29	0.00	9.90	0.07
电气机械和器材	0.08	0.00	7.38	0.08
通信设备、计算机和其他电子设备	0.08	0.00	8.18	0.03
仪器仪表	0.01	0.00	0.69	0.01
其他制造产品	0.04	0.00	0.22	0.06
废品废料	0.00	0.00	0.00	0.01
金属制品、机械和设备修理服务	0.00	0.00	0.00	0.01
电力、热力的生产和供应	3.39	0.14	0.51	40.09
燃气生产和供应	0.13	0.00	0.30	0.13
水的生产和供应	0.01	0.00	0.22	0.01
建筑业	0.41	0.00	37.27	0.01
交通运输、仓储和邮政	1.83	0.07	6.22	4.31
批发、零售、餐饮、住宿	0.19	0.01	2.09	0.42

　　从表 1 中可知,我国各行业碳排放中,复合排放占的比例最少,部分行业几乎不存在复合排放;相对而言,行业的净后项关联排放或净前项关联排放在行业分解碳排放中占据了很大的比重,说明在我国的二氧化碳排放方面,行业间的二氧化碳转移流动现象十分普遍,具有研究意义。

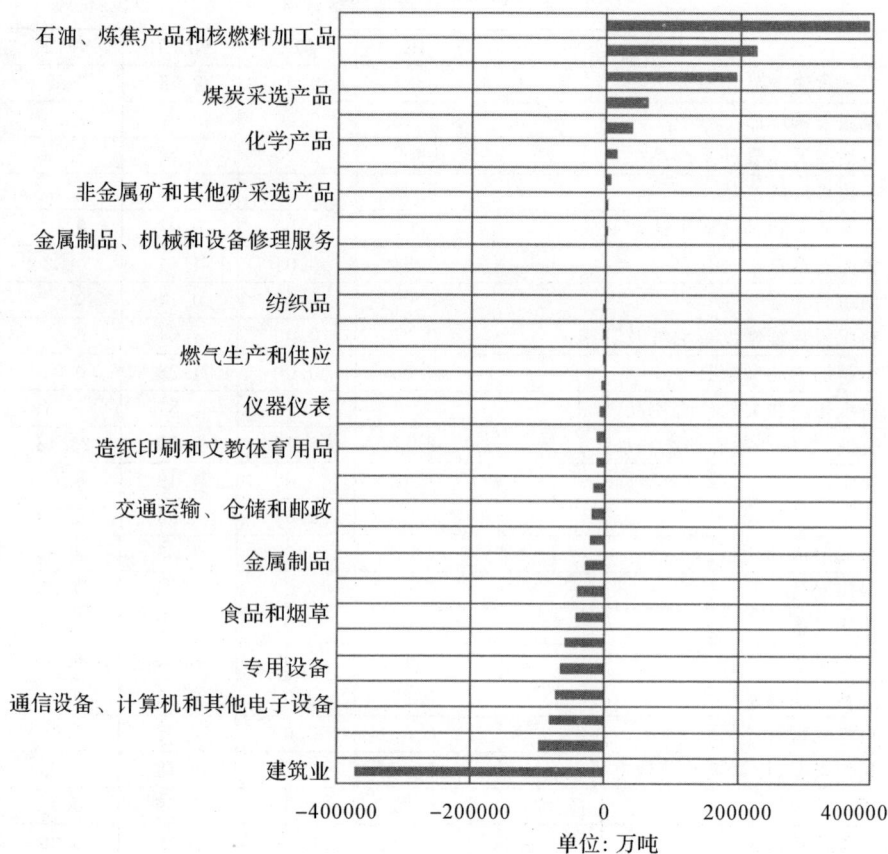

图 1 各行业二氧化碳净转移量

二氧化碳净转移量即行业净前项关联排放与净后项关联排放的差值,反映了行业真正的二氧化碳净输入或者净输出。若二氧化碳净转移量为正,表明该行业向经济系统中净输出了二氧化碳;若二氧化净碳转移量为负,表明该行业从经济系统中净输入了二氧化碳。从表中可以看出,向经济系统中净输出二氧化碳的行业有 11 个。其中,电力、热力的生产和供应业向经济系统净输出的二氧化碳最多,占向经济系统净输出二氧化总量的 41.53%;石油、炼焦产品和核燃料加工品和金属冶炼和压延加工品也是向经济系统净输出二氧化碳较多的行业,所占比例分别为 23.54% 和 20.54%。从经济系统中净输入二氧化碳的行业有 19 个。其中,建筑业是从经济系统中吸收二氧化碳最多的行业,占从经济系统净输入二氧化碳总量的 39.11%;其次,交通运输设备,通信设备、计算机和其他电子设备,电气机械器材,专用设备,通用设备,食品和烟草,纺织服装鞋帽皮革羽绒及其制品7个行业从经济系统中净输入的二氧化碳也较多,分别占从经济系统中净输入二氧化碳总量的10.32%、8.55%、7.66%、6.83%、6.01%、4.54%和4.22%。

可以看出,向经济系统净输入二氧化碳的行业,主要是供能与冶金行业,且所占的比重较大,高达85.61%,其他行业所占比重很小,呈现出行业集中的特点;从经济系统中净输入二氧化碳的行业除建筑业占据的比重较大外,其他行业的所占比重差别不大,各行业呈平缓递减的趋势。

净前项关联排放反映了行业的二氧化碳输出情况,从图2中可以看出,电力、热力的生产和供应业向其他行业输出的二氧化碳最多;石油、炼焦产品和核燃料加工品,金属冶炼和压延加工品次之;煤炭采选产品,化学产品,非金属矿物制品,交通运输、仓储和邮政业向其他行业输出的二氧化碳也较多。二氧化碳的输出主要集中在以上行业,其他行业的输出量很小。

单位: 万吨

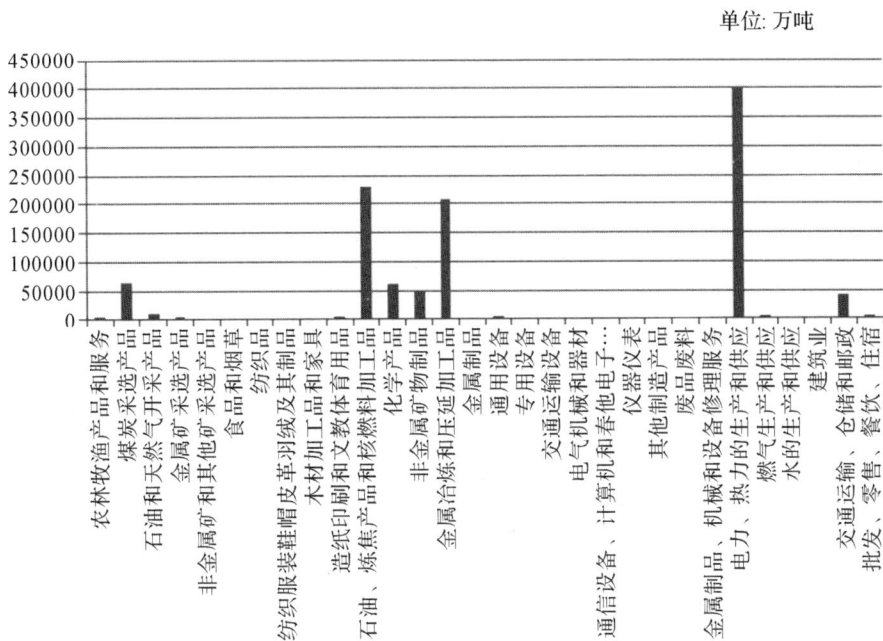

图2　净前项关联排放

净后项关联排放表示行业的二氧化碳输入,即为了满足自身需求,从其他行业输入的二氧化碳。图3显示,建筑业从其他行业输入的二氧化碳最多。

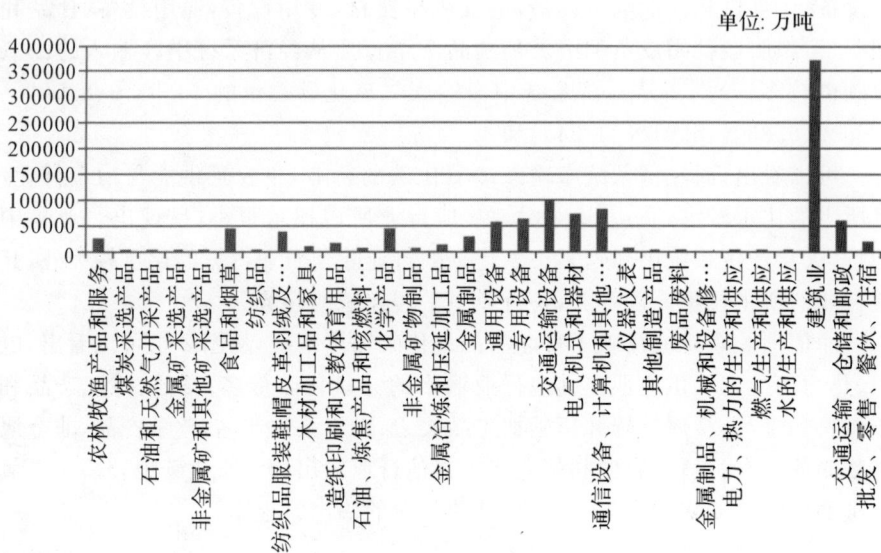

图 3 净后项关联排放

除建筑业外，交通运输设备，通信设备、计算机和其他电子设备，电器机械和器材，专用设备，通用设备，化学产品等 11 个行业从其他行业输入的二氧化碳也较多，而且差别不大。

综合图 1、图 2、图 3 可知，净前项关联排放与净后项关联排放在行业间的分布与行业二氧化碳经转移量的特点相符，说明我国二氧化碳在行业间的转移具有二氧化碳的主要"输入"行业与主要"输出"行业"分离"的特点，不存在某行业二氧化碳"输入"与"输出"双高的现象。

图 4 显示了我国发生碳转移的主要行业范围，电力、热力的生产和供应业，煤炭采选业，石油、炼焦产品的核燃料加工品业，化学产品，金属冶炼和压延加工品是主要的碳输出行业；交通运输仓储和邮政业，建筑业，通用及专用设备制造业，交通运输设备，通用设备、计算机及其他电子设备，食品和烟草、纺织服装鞋帽皮革羽绒及其制品等行业是主要的碳输入行业。

在主要输出行业之间也存在较大规模的二氧化碳转移，主要表现在煤炭采选产品业向电力、热力的生产和供应业，石油、炼焦产品和核燃料加工品业，化学产品业的二氧化碳输出；石油、炼焦产品和核燃料加工品业向电力、热力的生产和供应业，化学产品业的二氧化碳输出。

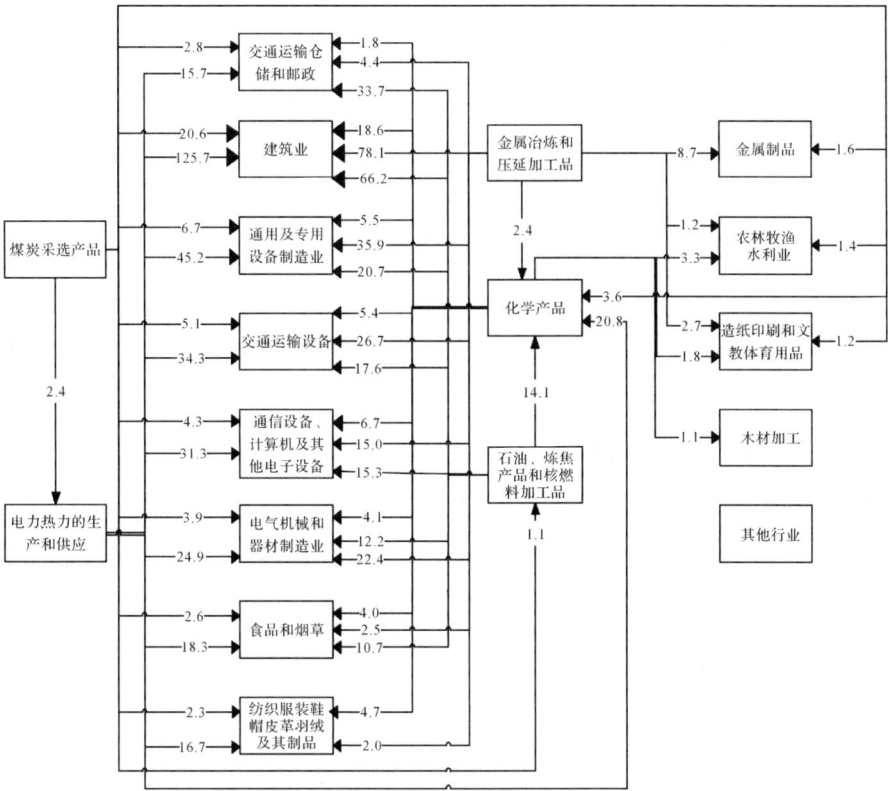

图 4　我国行业间二氧化碳转移

注:通用设备制造业与专用设备制造业在本图中合并为一个行业进行分析

2. 电力行业隐含碳排放分析

通过以上的分析可以看出,传统意义上的主要碳排放产生行业如电力、煤炭等行业所产生的碳排放并非用于自身消耗,而是随着产品贸易运输到了其他行业,用于其他行业的生产活动当中。因此,本文以电力行业为例,对传统意义上的高能耗行业的碳排放进行分解与转移路径研究。

(1)电力行业隐含碳输入分解

2012 年,电力行业隐含碳输入总量为 0.51 亿吨。如图 5 所示,电力行业的隐含碳来源主要是煤炭采选产品,石油、炼焦产品和核燃料加工品,金属冶炼和压延加工品三个行业。这三个行业的隐含碳输入占电力行业隐含碳输入总量的 88.36%。其中,来自煤炭采选产品的隐含碳输入最多,为 47.17%。

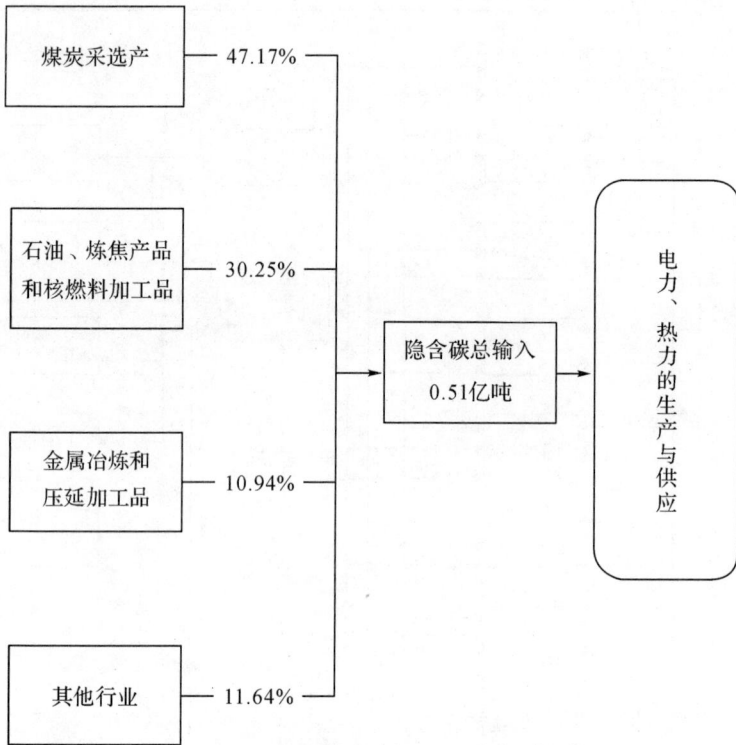

图 5　电力行业隐含碳输入行业分布

这与我国主要以火电为主的发电方式密切相关。

　　(2) 电力行业隐含碳输出分解

　　作为碳输出最多的行业,电力行业 2012 年输出隐含二氧化碳 40.08 亿吨,占经济系统各行业输出隐含二氧化碳总量的 36.09%,输入二氧化碳 0.51亿吨,仅占经济系统各行业输入二氧化碳总量的 0.42%,输出与输入比达78:1。说明电力行业是主要的隐含碳供给行业,其产生的隐含碳排放主要是为了满足其他行业的隐含碳需求。

　　如图 6 所示,电力行业隐含碳输出的主要流向是建筑业,交通运输设备,通信设备、计算机和其他电子设备,通用及专用设备。其中向建筑业输出的碳所占比重为 31.35%;向设备制造业(专用设备、通用设备、交通运输设备、通信设备、计算机和其他电子设备)输出的碳所占比重为 35.46%;电气机械和器材制造业、化学产品、食品和烟草、纺织服装鞋帽皮革羽绒及其制品所占的比重分别为 6.21%、5.19%、4.57%、4.16%。

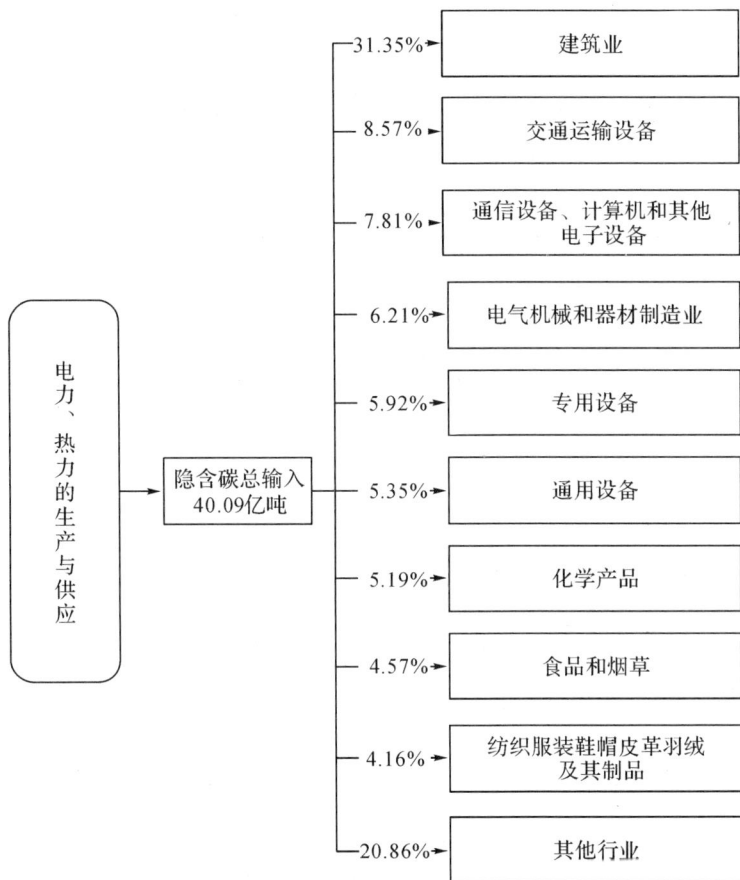

图 6　电力行业隐含碳输出行业分布

　　综上所述,从电力行业隐含碳输入与输出的情况来看,电力行业主要从煤炭、石油等行业输入一次能源,通过自身生产活动将其转化为二次能源后,输出到其他各个耗能行业继续进行生产活动。因此,电力行业的能源消耗行为是受其下游行业的生产活动所驱动而产生的,电力行业本身并不是最终的消耗能源端。

　　目前普遍认为电力行业是高能耗行业,但没有从产业链的角度深入分析其表观能耗高的原因。因此,本文从产业需求的角度,分析各行业规模对电力行业隐含碳排放的驱动力。

（3）电力行业隐含碳排放驱动力分析

本文进一步研究电力行业受其他行业规模发展的驱动情况。当经济系统中行业规模增加 1% 时，假设其最终使用也增加 1%，那么在现有技术水平不变的情况下，根据公式(9)—(12)，各行业规模变动引起电力行业隐含碳排放的增量如表 2 所示。

表 2　各行业规模扩张 1% 引起电力行业隐含碳排放增量

行业	引起的碳排放增量(万吨)
建筑业	1256.62
交通运输设备	343.49
通信设备、计算机和其他电子设备	313.00
电气机械和器材	248.99
专用设备	237.28
通用设备	214.45
化学产品	208.24
食品和烟草	183.38
纺织服装鞋帽皮革羽绒及其制品	166.80
交通运输、仓储和邮政	156.97
金属制品	115.15
农林牧渔产品和服务	106.06
造纸印刷和文教体育用品	73.60
金属冶炼和压延加工品	70.57
木材加工品和家具	54.21
住宿和餐饮	43.26
批发和零售	42.51
非金属矿物制品	42.08
石油、炼焦产品和核燃料加工品	35.30
仪器仪表	25.48
纺织品	21.23
水的生产和供应	16.69
燃气生产和供应	12.92
其他制造产品	7.79
煤炭采选产品	4.86
石油和天然气开采产品	4.70
金属矿采选产品	2.12
非金属矿和其他矿采选产品	0.66
废品废料	0.17
金属制品、机械和设备修理服务	0.00

从表 2 中可以看出,建筑业对电力行业隐含碳排放的驱动力最强,建筑业规模每增加 1%,电力行业的隐含碳排放将增加 1256.62 万吨。其次,交通运输设备、通信设备、计算机和其他电子设备两个行业规模每扩张 1%,也会引起电力行业超过 300 万吨的隐含碳排放。

煤炭采选产品、石油和天然气开采产品对电力行业隐含碳排放的驱动力很小,其规模扩张 1% 仅能分别引起电力行业的隐含碳排放增加 4.86 万吨和 4.70 万吨。这说明,电力行业隐含碳排放主要受其下游需求产业的驱动,上游供给产业对其隐含碳排放的驱动作用不强。

四、结 论

本文运用假设抽取法,结合 2012 年投入产出表与 2013 年中国能源统计年鉴的数据,定量计算了我国 2012 年各行业分解的碳排放,并对行业间的碳排放分解与转移情况进行了分析。主要有以下结论:

(1)我国行业间的二氧化碳转移主要发生在供能行业与建筑业和设备制造业之间,能源行业主要输出二氧化碳,建筑业和设备制造业主要输入二氧化碳。

(2)电力行业是经济系统中隐含碳输出最多的行业。其主要向建筑业、交通运输设备、通信设备、计算机和其他电子设备等行业输出隐含碳,其中,向建筑业输出的隐含碳最多,达到了其输出总量的 31.35%。电力行业虽然输出大量隐含碳,但从其他行业吸收的隐含碳并不多,主要来自煤炭采选产品、石油和天然气开采产品、金属冶炼和压延加工品三个行业。因此,电力行业的隐含碳具有集中输入、分散输出的特点。

(3)从整个产业链的角度来看,所有产业的生产活动都应该对能源使用所产生的碳排放负责,碳减排的压力不应该只施加于电力、石油、煤炭等能源行业。

(4)建筑业对电力行业隐含碳排放的驱动力最强,电力行业的隐含碳排放主要受下游产业的需要驱动,上游煤炭采选产品等产业的规模变动,对电力行业隐含碳排放的驱动作用不强。

电力行业的二氧化碳排放是化石能源温室气体排放的主要来源,控制电力行业的碳排放对于应对全球气候变化、治理气候变暖十分重要。但从生命周期的角度来看,电力行业并非是其所产生二氧化碳的最终消费者。相比于针对表观二氧化碳排放高的企业进行碳减排,从驱动二氧化碳产生活动进行的源头行业控制能够达到更好的碳减排效果。因此,对于电力行业的碳减排而言,可以从控制建筑业、交通运输设备等主要驱动行业的产业规模方面入手,这对于我国实现 2030 碳排放达到峰值的目标,具有积极的推动作用。

参考文献

[1] IEA. CO_2 Emissions from Fuel Combustion Highlights. http：//www. iea. org. IPCC,2006. IPCC Guidelines for National Greenhouse Gas Inventories.

[2] Juntueng S, Towprayoon S, Chiarakorn S. Energy and Carbon Dioxide Intensity of Thailand's Steel Industry and Greenhouse Gas Emission Projection toward the Year 2050[J]. Resources, Conservation and Recycling, 2014(87)：46-56.

[3] Ang B W, Su B. Carbon Emission Intensity in Electricity Production：A Global Analysis[J]. Energy Policy, 2016(94)：56-63.

[4] Yu B, Li X, Qiao Y B, et al. Low-carbon Transition of Iron and Steel Industry in China：Carbon Intensity, Economic Growth and Policy Intervention[J]. Journal of Environmental Sciences, 2015(28)：137-147.

[5] Liu N, Ma Z J, Kang J D. Changes in Carbon Intensity in China's Industrial Sector：Decomposition and Attribution Analysis[J]. Energy Policy, 2015(87)：28-38.

[6] Lin B Q, Wang X L. Carbon Emissions from Energy Intensive Industry in China：Evidence from the Iron & Steel Industry[J]. Energy Policy, 2015(47)：746-754.

[7] Lin B Q, Lei X J. Carbon Emissions Reduction in China's Food Industry[J]. Energy Policy, 2015(86)：483-492.

[8] Lin B Q, Long H Y, Emissions Reduction in China's Chemical Industry-Based on LMDI[J]. Renewable and Sustainable Energy Reviews, 2016(53)：1348-1355.

［9］ Arens M，Worrell E，et al. Pathways to a Low-carbon Iron and Steel Industry in the Medium-term—the Case of Germany［J］. Journal of Cleaner Production，2016(6)：1-15.

［10］ Peng L H，Zeng X L，et al. Analysis of Energy Efficiency and Carbon Dioxide Reduction in the Chinese Pulp and Paper Industry ［J］. Energy Policy，2016(80)：65-75.

［11］ Xu B，Lin B Q. Reducing CO_2 Emissions in China's Manufacturing Industry：Evidence from Nonparametric Additive Regression Models［J］. Energy，2016(105)：161-173.

［12］ Lu Y J，Cui P，Li D Z. Carbon Emissions and Policies in China's Building and Construction Industry：Evidence from 1994 to 2012 ［J］. Building and Environment，2016(95)：94-103.

［13］ Wang X L，Lin B Q. How to Reduce CO_2 Emissions in China's Iron and Steel Industry［J］. Renewable and Sustainable Energy Reviews，2016(57)：1496-1505.

［14］ Zhang N，Wei X. Dynamic Total Factor Carbon Emissions Performance Changes in the Chinese Transportation Industry［J］. Applied Energy，2015(146)：409-420.

［15］ Lin B Q，Zhang Z H. Carbon Emissions in China's Cement Industry：A Sector and Policy Analysis［J］. Renewable and Sustainable Energy Reviews，2016(58)：1387-1394.

［16］ Konstantinaviciute I，Bobinaite V. Comparative Analysis of Carbon Dioxide Emission Factors for Energy Industries in European Union countries［J］. Renewable and Sustainable Energy Reviews，2015(51)：603-612.

［17］ Yang L S，Lin B Q. Carbon dioxide-emission in China's Power Industry：Evidence and policy implications［J］. Renewable and Sustainable Energy Reviews，2016(60)：258-267.

［18］ Shao C F，Guan Y，Wan Z. Performance and Decomposition Analyses of Carbon Emissions from Industrial Energy Consumption in Tianjin，China［J］. Journal of Cleaner Production，2014(64)：590-601.

［19］ Shao S，Liu J H，et al. Uncovering Driving Factors of Carbon

Emissions from China's Mining Sector [J]. Applied Energy, 2016 (166): 220-238.

[20] Zhang N, Wang B, Liu Z. Carbon Emissions Dynamics, Efficiency Gains, and Technological Innovation in China's Industrial Sectors [J]. Energy, 2016(99): 10-19.

[21] Ouyang X L, Lin B Q. An analysis of the Driving Forces of Energy-related Carbon Dioxide Emissions in China's Industrial Sector [J]. Renewable and Sustainable Energy Reviews, 2015 (45): 838-849.

[22] Feng K S, Davis S J, et al. Outsourcing CO_2 within China [J]. Proc. Natl. Acad. Sci. U.S.A, 2013, 09(28): 111654-111659.

[23] Davis S J, Caldeira K. Consumption-based Accounting of CO_2 emissions [J]. Proc. Natl. Acad. Sci. U.S.A, 2010(29).

[24] Feng K S, Hubacek K, Sun L X, et al. Consumption-based CO_2 Accounting of China's Megacities: The case of Beijing, Tianjin, Shanghai and Chongqing [J]. Ecological Indicators, 2014 (47): 26-31.

[25] Peters G P, Minx J C, Weber C L, et al. Growth in Emission Transfers via International Trade from 1990 to 2008 . Proc. Natl. Acad. Sci. U.S.A. ,2011(108): 8903-8908.

[26] Davis S J, Caldeira K. Consumption-based Accounting of CO_2 Emissions. Proc. Natl. Acad. Sci. U. S. A. , 2010, 107 (12): 5687-5692.

[27] Guo J E, Zhang Z K, Meng L. China's Provincial CO_2 Emissions Embodied in International and Interprovincial Trade. Energy Policy,2012(42): 486-497.

[28] Zhao Y H, Liu Y. Inter-regional Linkage Analysis of Industrial CO_2 Emissions in China: An application of a Hypothetical Extraction Method [J]. Ecological Indicators,2016(61): 428-437.

[29] Wang Y, Wang W Q. Industrial CO_2 Emissions in China Based on the Hypothetical Extraction Method: Linkage analysis [J]. Energy Policy, 2013(62):1238-1244.

[30] Zhao Y H, Zhang Z H. Linkage Analysis of Sectoral CO_2 Emis-

sions Based on the Hypothetical Extraction Method in South Africa [J]. Journal of Cleaner Production，2015(103)：916-924.

[31] 钱明霞，路正南，王健，基于假设抽取法的产业部门碳排放关联分析[J]. 中国人口·资源与环境，2013(9)：34—41.

[32] Ang B W，Choi K H. Boundary problem in carbon emission decomposition [J]. Energy Policy，2002，30(13)：1201-1205.

[33] Steenhof P A. Decomposition for emission baseline setting in China's electricity sector [J]. Energy Policy，2007，35(1)：280-294.

[34] 侯建朝，谭忠富. 电力生产 CO 排放变化影响因素分解[J]. 中国电力，2011，44(11)：39-42.

[35] Zhang M，Liu X，Wang W，et al. Decomposition analysis of CO_2，emissions from electricity generation in China[J]. Energy Policy，2013，52(52)：159-165.

[36] Steenhof P A，Weber C J. An assessment of factors impacting Canada's electricity sector's GHG emissions [J]. Energy Policy，2011，39(7)：4089-4096.

[37] Schultz S，Approaches to Identifying Key Sectors Empirically by Means of Input-output Analysis [J]. The Journal of Development Studies，1977(14)：77-96.

[38] Cella G，The Input-output Measurement of Inter Industry Linkages [J]. Oxford Bulletin of Economics and Statistics，1984，46(1)：73-84.

[39] Miller R E，Lahr M L. A Taxonomy of Extractions. Contrib. Econ. Anal. 2001(249)：407-441.

[40] Guerra A I，Sancho F. Measuring Energy Linkages with the Hypothetical Extraction Method：an Application to Spain [J]. Energy Economics，2010，32(4)：831-837.

[41] Turner K，Lenzen M，Wiedmann T. Examining the Global Environmental Impact of Regional Consumption Activities—Part 1：A Technical Note on Combining Input-output and Ecological Footprint Analysis [J]. Ecological Economics，2007(62)：3-44.

[42] Weber C，Matthews H S. Embodied Environmental Emissions in

U. S. International Trade，1997-2004[J]. Environmental Science
&.Technology，2007(14)：4875-4881.

[43] 白宏涛.基于低碳发展目标的中国战略环境评价研究[D].天津：南
开大学,2011.

[44] Duarte R，Sánchez-Chóliz J，Bielsa J. Water Use in the Spanish E-
conomy：An Input-output Approach [J]. Ecological Economics，
2002，43(1)：71-85.

[45] 国家统计局国民经济核算司.中国投入产出表 2012[M].北京：中国
统计出版社,2015.

[46] 国家统计局能源统计司.中国能源统计年鉴 2013 [M].北京：中国
统计出版社,2013.

[47] IPCC 2006. 2006 IPCC Guidelines for National Greenhouse Gas
Inventories，Prepared by the National Greenhouse Gas Inventories
Programme；Eggleston H S，Buendia L，Miwa K，Ngara T，Tan-
abe K，Eds. IGES：Japan.

面向低碳排放的能源转型策略:中国 2030

吴宇哲　　罗娇娇

(浙江大学,杭州 **310058**)

一、引　言

在信息网络高速发展的背景下,资本和劳动力得以完成全球性的流动,进而促进大规模的城市化运动。自 19 世纪西欧工业化革命以来的一百多年时间里,人类对自然资源和能源的消耗达到了在以往的历史进程中都未曾出现的程度。但是,在这一期间,由于人们缺乏对工业化负面后果的正确判断,导致全球环境受到污染,部分地区生态系统受到破坏,严重影响人类的正常生产和生活。特别是温室气体排放导致的全球气候变化更使人类社会的可持续发展受到严重威胁(Wu et al., 2016)。目前多数政府已承认温室气体的灾难性,由于其中最主要的气体是二氧化碳,因此将温室气体排放简称为"碳排放"。2015 年 12 月,近 200 个缔约方在法国巴黎一致同意通过全球气候变化新协议——巴黎协定,该协定是历史上第一份全体缔约方通过的持续有效、具有法律约束力的协议,凝聚了各方最广泛的共识,由此也让全球气候治理进入了新的历史节点。

《自然·气候变化》专刊的研究显示,作为最大的发展中国家,中国 2011 年碳排放总量已跃居世界第一位,达到世界碳排放总量的 28%。在巴黎协定中,中国承诺到 2030 年,单位国内生产总值二氧化碳排放比 2005 年下降 60%~65%。然而中国是一个正处于工业化初期的发展中国家,其经济增长方式、能源结构不合理,能源技术装备水平低和管理水平相对落后,导致单位 GDP 能耗高于世界平均水平(张坤民,2008)。而且我国能源发展模式仍以传统能源发展模式为主,且存在显著的东南部低、中北部高与西北部低的空间分布格局(邹秀萍等,2009),煤炭和石油常年占能源消费总量的 80% 以上(见图

1）。以 2014 年为例，中国能源消费总量达 4260 百万吨标准煤，其中煤炭和石油分别消耗 2811 百万吨和 728 百万吨，占比依次为 66％和 17％。清洁能源如天然气的该年消费量为 243 百万吨，一次电力及其他能源 477 百万吨，分别占总量的 5.7％和 11.2％。而世界 2014 年能源消费总量为 18469 百万吨，平均水平下煤炭、石油和天然气消耗占比分别为 30.0％、32.6％、23.7％。对比可知，煤炭作为污染最严重的一次能源在中国的占比较高，约为世界平均值的两倍多，而清洁能源天然气的比重不及世界平均水平的四分之一。不难判断，中国能源消费结构仍有很大的改善空间，未来需进一步加大控制温室气体排放的力度。

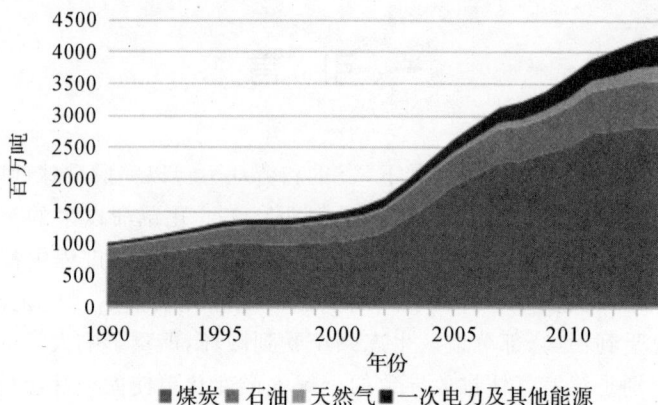

图 1　中国 1990—2014 年能源消费情况

　　中国作为城市化和工业化正快速发展的国家，对全球经济的贡献不断加大，碳排放量对世界碳排放总量将起到至关重要的影响作用。此外，中国 2030 年将同时步入人口高峰和稳定城市化发展阶段，那么其如何制定面向低碳排放的能源转型策略对发展中国家有重要的借鉴意义。因此本文以 Kaya 恒等式为研究方法，引入与发展中国家能源消费排放量密切相关的因子"城市化率"，并基于此修正 Kaya 恒等式。收集中国 2000 年以来与碳排放有关的数据，采用蒙特卡洛模拟，预测在既定的政策环境和巴黎协定的精神引导下中国 2030 年的碳排放量。并结合模拟结果，从操作层面、治理结构、体制和文化四层次深入解析面向低碳排放的能源转型策略并提出能源转型政策建议，涉及的内容包括能源结构、能源消费强度、能源转型利益集团、税收制度、城乡协调等。

二、研究方法

1. Kaya 恒等式修正

Kaya 恒等式最早是由日本学者 Yoichi Kaya 在 1989 年的联合国政府变化专门委员会举办的研讨会上提出。该恒等式将二氧化碳排放量分解成与人类生产生活相关的四个要素,即能耗碳排放系数、能源消费强度、人均 GDP 和总人口(Kaya,1990)。其数学表达形式如下:

$$C = \frac{C}{E} \times \frac{E}{\text{GDP}} \times \frac{\text{GDP}}{P} \times P \tag{1}$$

式中 C 表示二氧化碳排放量,E 表示一次能源消费总量,GDP 代表国内生产总值,P 代表国内总人口量。那么,分别定义 C/E 为能耗碳排放系数,E/GDP 为能源消费强度,GDP/P 为人均 GDP。其中能耗碳排放系数指每消费一单位一次能源所释放的二氧化碳的量,能源消费强度指每增加一单位国民生产总值所消耗的一次能源总量。

由于城市化实现了人口和资本的集聚,给城市带来了大规模的人口和频繁的经济活动,因此,对正处于工业化社会而言,碳排放是其经济系统可持续性和活力的重大威胁。无论哪一个国家和地区,在面对如此大范围的人口增长和经济集聚时,都很难靠单个的力量在第一产业上取得可观的进展,因此为了满足人民更高标准的生活需求,提升人民的购买力,促进地方繁荣发展,工业化典型的高能耗产业得到迅速发展,这同时也意味着能源消费带来的碳排放的增加。此外,城市化不同发展阶段的能源消费结构和城乡居民生活方式等也会对碳排放产生影响(Glaeser and Kahn,2010;McDonald,2011)。因此,本文将城市化因子引入 Kaya 恒等式,改进人均 GDP 因子,对 Kaya 恒等式进行修正得到式 2:

$$C = \frac{C}{E} \times \frac{E}{\text{GDP}} \times \left[\frac{\text{GDP}_u}{P_u} \times U + \frac{\text{GDP}_r}{P_r} \times (1-U) \right] \times P \tag{2}$$

式中 C/E、P 仍表示能耗碳排放系数和人口总量;E/GDP 为一次能源消费总量与国民生产总值的比重;GDP_u/P_u 为城市生产总值与城市人口的比重,即城市人均生产总值;GDP_r/P_r 为农村生产总值与农村人口的比重,即农村人均生产总值;新因子 U 为城市人口与总人口的比值,即城市化率。

2. 数据来源

本文采用的数据来源:(1)历年碳排放数据采用 European Commission 网站上的统计数据;(2)其他数据来自历年的《中国统计年鉴》。

三、中国 2030 年碳排放预测

中国作为世界上最大的发展中国家,正处于城镇化和工业化快速发展阶段,未来的能源需求和碳排放不可避免会呈现继续增长的态势,因此研究中国碳排放量对世界碳排放总量控制来说有着至关重要的作用。本部分以中国为研究对象,收集有效的文献和数据,以修正的 Kaya 恒等式为基础,分析各因子能耗碳排放系数、城市能源消费强度、城市人均生产总值、城市化率和人口总量。

1. 变量设定

(1)能源碳排放系数 C/E

能源碳排放系数指能源在燃烧或者使用过程中,单位能源所排放的碳量。某个地区的碳排放系数变化可以反映地区能源结构的变化,或者说是改善情况。中国 2014 年能源消费总量为 4260 百万吨标准煤,其中煤炭、石油、天然气、其他一次能源占比分别为 66%、17%、6% 和 11%,当年碳排放量为 10541 百万吨,可得 2014 年碳排放系数 $C/E=2.47$。为计算 2030 年中国碳排放系数,设每年煤炭消费的比例为 x,石油消费的比例为 y,天然气消费的比例为 z,同年碳排放系数为 C/E,则可得方程式(由于其他一次能源基本属于清洁能源,不排放污染物,因此回归方程中不将其设为自变量):

$$\frac{C}{E}=a+bx+cy+dz+\varepsilon \tag{3}$$

其中 a、b、c、d 是四个未知参数,a 为回归常数,b、c、d 为回归系数。x、y、z 是解释变量,C/E 是被解释变量,ε 是随机误差。收集 2000—2015 年中国各年的碳排放量和能源消费总量,计算得历年 C/E 的值,再结合相同年份各能源消费种类的占比,运行 SPSS 软件作回归分析。回归结果中常数项不显著,因此去掉常数项再次运行软件,得碳排放系数方程为:

$$\frac{C}{E} = 2.762x + 2.52y + 3.991z \tag{4}$$

《中国能源展望 2030》报告指出我国在较大的资源环境约束和碳减排的压力下,一次能源的消费结构将持续优化。2030 年煤炭消费比重将下降到 49%,非化石能源比重达 22%。报告中未指出 2030 年中国石油和天然气消费比重,考虑到未来石油消费将持续增长,并很可能在 2030 达到顶峰(He et al,2005;Finley,2012),结合 2000 年以来石油消费比重及其走势,估算得 2030 年石油比重将达到 19%,再推算得剩余能源消费类型,即天然气的比重为 10%。将所有自变量系数值代入式(4),计算得 C/E 为 2.231。因此,本文认为 2030 年中国碳排放系数服从均值为 2.231,标准差为 0.012 的正态分布(图 2)。

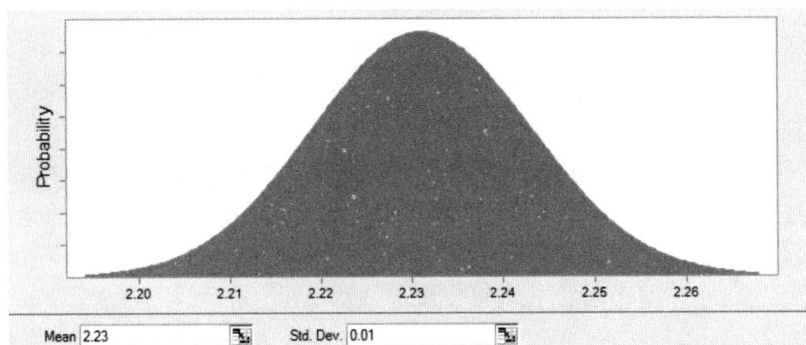

图 2　能耗碳排放系数概率分布图

2015 年,我国提出的自主贡献目标是到 2030 年左右碳排放达到峰值,并争取尽早达到峰值,能源消费强度比 2005 年下降 60%~65%。2005 年中国能源消费总量为 2614 百万吨标准煤,GDP 总额为 18.49 万亿元,能源消费强度为 1.410 万吨标准煤/亿元,降低 60% 后能耗强度为 0.564 万吨标准煤/亿元,降低 65% 后能耗强度为 0.494 万吨标准煤/亿元。则不同减排目标下能源消费强度 2030 年分别对应为最大值 0.564 万吨标准煤/亿元,最小值 0.494 万吨标准煤/亿元的均匀分布(见图 3)。

(2)城市人均生产总值和农村人均生产总值

城市人均生产总值指每单位城市人口产生的国民生产总值,即 GDP_u/P_u。官方的统计资料中并不存在城市人均 GDP 的数据,同样地,也没有农村人均

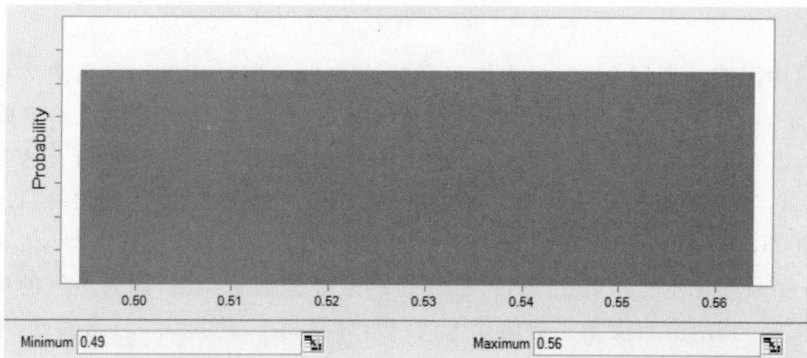

图 3　城市能源消费强度概率分布图

GDP 的记录。本文拟通过(城镇居民人均可支配收入×城市人口)与(农村居民人居可支配收入×农村人口)的比值近似刻画城市生产总值 GDP_u 和农村生产总值 GDP_r 的比值,再结合收集所得的城市化率和 GDP 等数据,间接计算得到城市人均生产总值。

随着我国城市化的快速推进,城市和农村从相互封闭走向频繁互动,城乡社会经济系统发生了深刻变化,这使城乡关系也暗藏诸多风险,城乡的竞争开始明显化。根据相关的统计资料显示,2000 年以来城市和乡村的经济差距越来越大。2000 年城市居民人均可支配收入为 6280 元,农村居民人均可支配收入为 2253 元;而 2014 年城市居民人均可支配收入上升到 29381 元,农村居民人均可支配收入上升至 9892 元,二者的差距不断加大。假设 $y=$(城市人均可支配收入×城市人口)/(农村人均可支配收入×农村人口),以 2000—2014 年统计年鉴的数据为基础,得拟合函数为:$y=0.1403\times(x-2000)+1.685$,$R^2=0.986$。代入 $x=2030$,可得 2030 年城市生产总值和农村生产总值的比值是 5.894。虽然中国"新型城镇化"政策提出要推进"以人为本"的城市化发展,推进农村第一、二、三产业的融合发展,深化农村改革,缩小城乡差距。但就地区生产总值而言,由于城市化水平在 2030 年极有可能步入稳定的阶段,即 70%,越来越多的人口进入城市创造财富,保守估计未来城市生产总值/农村生产总值≈11[①]。

————————

①　2014 年城市化为 55%,则城市人口比重:农村人口比重=5.5:4.5,此时城市 GDP:农村 GDP=5.894:1;定 2030 年城市化率为 70%,则城市人口比重:农村人口比重=7:3,此时城市 GDP:农村 GDP=(7/3)/(5.5/4.5)×5.894:1≈11。

GDP 的预测一直没有统一规定的方法,考虑到经济环境多变性,本文用结合三种方法预测得出的中国 2030 年国民生产总值结果来进行下一步分析。

方法一:2000—2014 年中国 GDP 总量的拟合函数 $y = 39259 \times (x - 2000) + 28237$,$R^2 = 0.954$。代入 $x = 2030$,可得 2030 年中国 GDP 总量为 120 万亿元。

方法二:美国农业部预测到 2030 年美国仍旧能够保持世界第一的地位,GDP 可达 24.8 万亿美元,届时中国位居第二,GDP 达 22.2 万亿美元,换算为人民币,约为 149 万亿元。

方法三:习近平曾指出未来五年年均经济增速不应低于 6.5%,鉴于 2020 年之后,中国发展将逐步迈入城市化稳定阶段,经济增长速度相对放缓,GDP 增长率可能会略微下降,则 2015—2030 年中国经济年平均增长率很可能为 6.0%,据此计算得 2030 年中国 GDP 为 162 万亿元。

基于以上三个结果,分别计算对应的城市人均 GDP 和农村人均 GDP,结果见表 1。根据计算结果,拟定城市人均 GDP 和农村人均 GDP 均服从三角分布,取中间值为最大可能值,极值为最小可能值(见图 4 和图 5)。

表 1　不同情景下城市人均 GDP 和农村人均 GDP 预测值

不同情景	GDP 总量（万亿元）	城乡分成比例	城市人均GDP(元)	农村人均GDP(元)
历年数据拟合	120	11∶1	104761.9	22222.22
美国农业部预测	149	11∶1	130079.4	27592.59
国内动态	162	11∶1	141428.6	30000.00

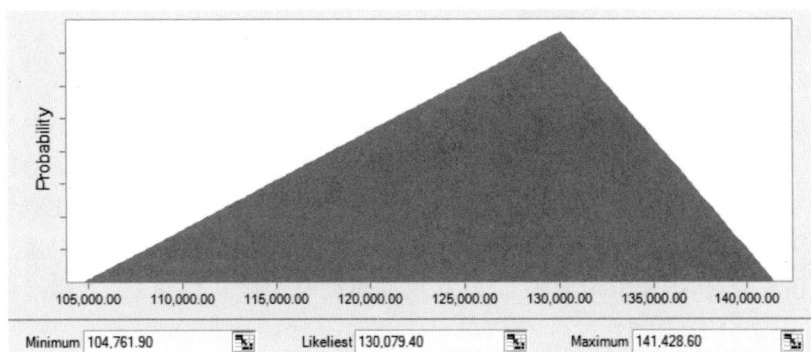

图 4　城市人均生产总值概率分布图

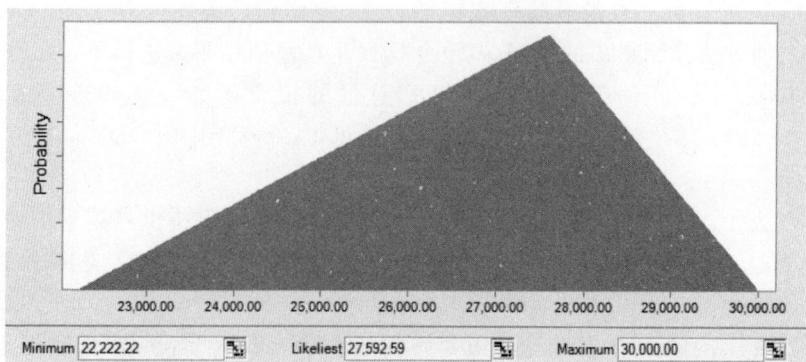

图 5　农村人均生产总值概率分布图

（3）城市化率 U

城市化率是一个城市发展水平的度量。当然，城市化率并不是越高越好，国家需要第一产业支持经济社会的稳定发展，世界上发达国家的城市化水平也多数在 70%～85% 之间（Bank，2010）。各学者和机构对中国 2030 年的城市化预测结果不尽相同，但大多都承认中国 2030 年将步入城市化稳定发展阶段。当一个国家的城市化水平在 30%～70% 的时候，其处于城市化加速发展时期，社会需要更多的资源、人口、资本的转移作为社会经济发展的物质支撑（刘耀彬等，2005）。联合国预测 2030 年中国城镇化水平将达到 70%（United Nations，2013）。中国发展研究基金会发布的《中国发展报告 2010》中提出中国将用 20 年的时间解决"半城市化"问题，使城市化率在 2030 年提升至 65%。除官方机构外，学者对 2030 中国城市化率的研究结果亦主要集中在 65% 左右，上下浮动不超过 5%（Shen et al.，2005；Li et al.，2011；Yu and Lu，2006）。

以 2000—2014 年城市化率数据为基础作线性拟合，得到 2030 年中国城市化率为 86%（$R^2 = 0.984$）。由于当城市化率超过 70% 后，原来迅猛的国家经济发展势头会趋向平缓，城市化率增长速度随即放缓，可判断城市化线性拟合的结果不符合正常发展规律，予以舍弃。结合官方机构和各学者对城市化率的预测情况，本文拟定中国 2030 年的城市化率为服从均值 70%，标准差为 5% 的正态分布（图 6）。

（4）总人口 P

联合国发布《世界人口展望：2012 年修订版》（以下简称《展望》）的预测结果显示，未来 30 多年的人口增长将主要发生在非洲，印度将在 2028 年超过中

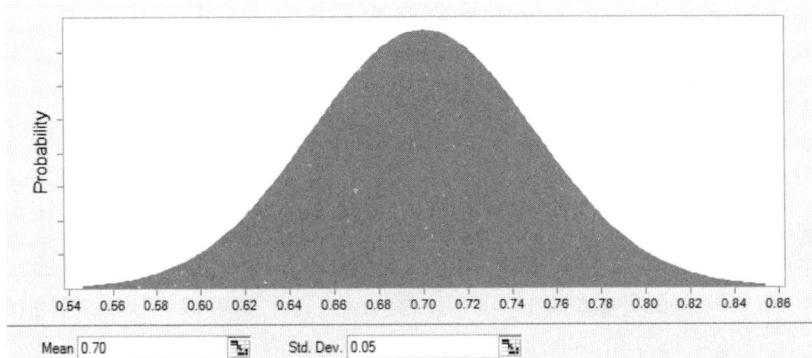

图 6　城市化率概率分布图

国成为世界第一人口大国,而中国人口将于 2030 年达到顶峰然后逐渐下滑
(United Nations,2013)。《展望》还指出 2030 年中国预计新增 3.1 亿城市居
民,届时,全中国城市人口总数将超过 10 亿。

　　以 2000—2014 年全国总人口数据为基础作线性拟合,得到 2030 年中国
人口总量为 14.8 亿($R^2 = 0.9837$)。2015 年 10 月,中国全面实施二孩政策,
即一对夫妇可生育两个孩子。翟振武等(2014)通过抽样调查适龄妇女的生育
意愿,预测在全面二胎的政策下,中国人口总量将在 2027 年达到峰值 15.01
亿,其后人口进入负增长时期。基于此,本文拟定中国 2030 年的人口总量为
服从均值 15 亿,标准差为 0.2 亿的正态分布(见图 7)。

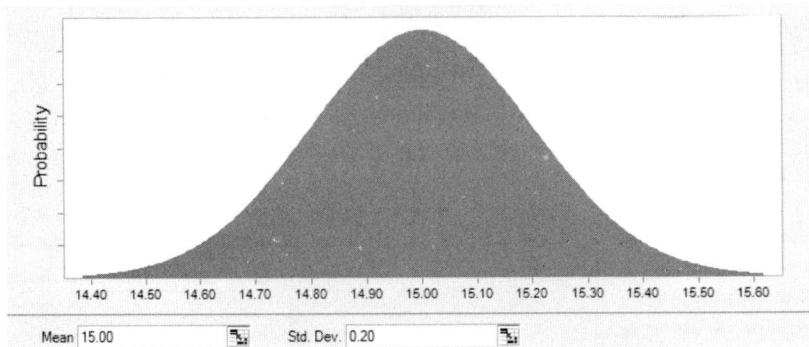

图 7　人口总量概率分布图

2. 模型模拟

（1）参照系

若以 2000—2014 年中国碳排放量的数据为基础,作简单的线性拟合,可得拟合函数为:$y = 535.11 \times (x - 2000) + 3667.8$,$R^2 = 0.9812$。代入 $x = 2030$,计算得 2030 年中国的碳排放量为 19721 百万吨。

而采用蒙特卡洛算法,可直接得到各评估参数的随机取值,利用公式(2)得出一次模拟下的评估结果,设置模拟次数,进行重复模拟得到最终评估结果的分布,即模拟计算出 2030 年中国的碳排放可能值的分布图。

（2）情景一

各参数均以上文所定的分布形式代入模型,分别设置模拟次数为 10000 次、50000 次、100000 次和 500000 次,进行重复模拟得到最终评估结果的分布。从图 7 中可明显看出,随着模拟次数的增多,预测结果分布图形形状也越来越规则,图形边缘曲线也愈加平滑。当模拟的次数达到一定的程度时,模拟结果的分布形状则不再变化,其均值和标准差也趋向于一个固定的值,因此便可以用样本的均值来估计总体的期望值,以样本的分布特征来判断总体的分布特征。为了更贴近总体的统计特征,本文以 50 万次模拟的模拟结果作为中国 2030 碳排放量可能值的分布图(见图 8),直方图纵轴单位为 100 百万吨。根据分布图形状,推断碳排放量的总体分布为正态分布。

（三）情景二

城市化发展给城市带来的大规模人口和经济活动的集聚严重影响了城市经济的规模效应和城市居民的能源消费行为,进而容易造成更多的能源消费和碳排放。因此情景二中,除因子城市化率外,各参数均以上文所定的分布形式代入模型,城市化率则分别以 65％、70％和 75％代入模型,设置模拟次数为500000 次,进行重复模拟得,最终得到三种不同的碳排放预测结果,详见表 2。

表 2 不同城市率下中国 2030 年碳排放情况

城市化率	65％	70％	75％
碳排放均值/百万吨	16083	16956	17832
碳排放中位数/百万吨	16101	16979	17856
碳排放标准差/百万吨	1104	1178	1253

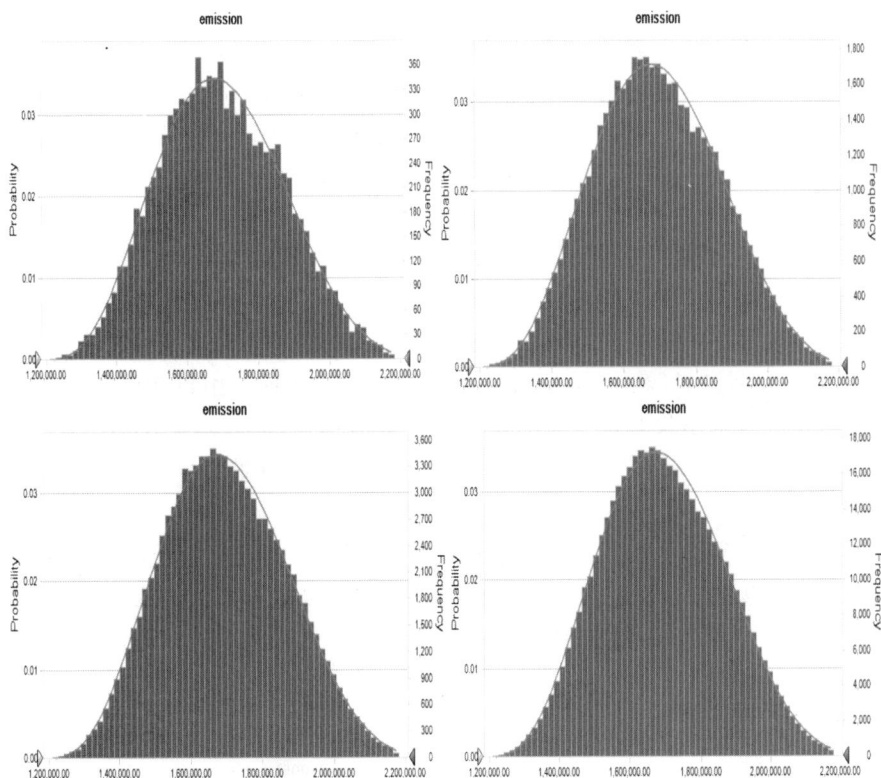

图 8　不同模拟次数下碳排放量的预测结果

3. 模型结果

本次案例分析参考系中 2030 年中国的碳排放量为 19721 百万吨。碳排放受地区的能源结构、能源强度、人口和经济等因素的影响,简单的线性拟合并不能完全正确地反映未来的碳排放情况。

情景一中,中国 2030 年碳排放量均值的估计值为 16950 百万吨,中位数为 16867 百万吨,标准差为 1732 百万吨。碳排放落在一个标准差的概率是68.26%,置信区间为[15218,18682];落在两个标准差的概率是 95.45%,置信区间为[13486,20414];落在三个标准差的概率是 99.73%,置信区间为[11754,22146]。

情景二为既定的三个城市化率分别为 65%、70% 和 75% 下中国 2030 年碳排放量的统计结果。当城市化率为 65％时,中国的碳排放量相对最低,碳排放均值为 16083 百万吨,中位数为 16101 百万吨。当城市化率为 70％时,碳排放量预测值最接近情景一模拟结果,其均值和中位数分别为 16956 百万吨和 16979 百万吨。碳排放量最高的情景出现在城市化率为 75％,碳排放均值为 17832 百万吨,中位数为 17856 百万吨。不难发现,随着经济不断发展,城市化率提高,碳排放量也随之增加。

图 9 汇总了情景一、情景二和对比系的碳排放预测值情况。参照系中把利用线性模拟得出的碳排放量记为参照点,将情景一中预测的碳排放量记为标准点,情景二中预测的碳排放量记为点 65％、点 70％和点 75％,分别对应城市化率 65％、70％和 75％下的碳排放量。由于情景二中以 70％城市化率为输入值的预测结果与情景一的预测结果极为相近,因此两点在图中发生重叠。直观可见,参考系的碳排放量均大于情景一和情景二中的碳排放预测结果。

未来十五年的平均经济社会发展态势优于过去十五年的经济增长,因此线性拟合的预测结果 19721 百万吨应为原模式的最低可能值。这意味着随着中国经济的飞速发展,若仍维持原来的增长模式和能源消费结构,中国 2030 年的温室气体排放量将超过 20000 百万吨,即 2014 年碳排放量(10540 百万吨)的 2 倍。

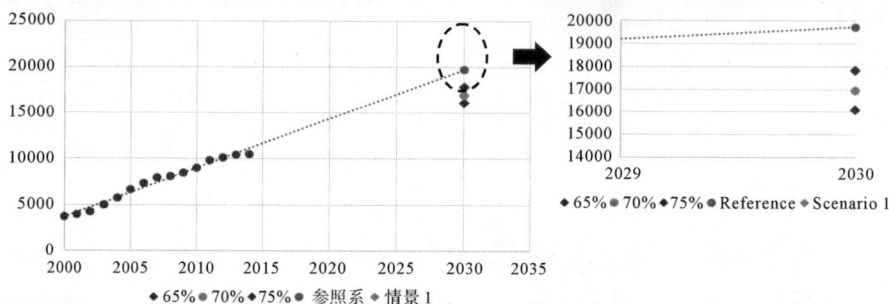

图 9 情景一、情景二和对比系的碳排放预测结果

根据模拟结果,如果中国未来缓步进行城市化扩张,2030 年城市化率为 65％时,碳排放量可能值在[11873, 18017]区间,平均比参照系所得碳排放量净减少 4500 百万吨;若中国未来以正常速度进行城市发展,2030 年城市化率达 70％时,碳排放可能值在[12856, 19522]区间,平均比参照系所得碳排放量减少 3500 百万吨;若中国未来以城市化超速发展,在 2030 年达到 75％的水

平,进入城市化稳定阶段,则碳排放量可能值分布在[13859,21021]区间,平均比参照系所得碳排放量减少 2300 百万吨。碳排放极大值和极小值均属于小概率事件,不予赘述。

四、面向低碳排放的能源转型策略

中国的减排政策发展历程起步于 2007 年,当年国务院审议并颁布的《中国应对气候变化国家方案》,是发展中国家颁布的第一部应对气候变化的国家方案。2015 年 9 月,《中美元首气候变化联合声明》发布,同年年底 140 多个国家达成了以《巴黎协定》为核心的一系列决定,中国作为国际气候变化谈判过程中的中心主角,就全面涉及减缓、适应及支持全球应对气候变化新模式承诺到 2030 年实现二氧化碳排放达到峰值,单位国内生产总值二氧化碳排放比 2005 年下降 60%～65%。模型拟合结果显示,中国作为最大的发展中国家,若成功控制能源碳排放系数、能源消费强度、人均生产总值、城市化率和人口等因素,就能够实现 2030 年碳排放大幅度下降。那么,在巴黎协定精神的指导下,如何控制上述各因子的水平,调整国内能源消费与经济发展之间的平衡以实现能源的绿色转型? 本部分将结合操作、治理结构、体制和文化四层面,综合探讨面向低碳排放的能源转型策略。

1. 操作层面

操作层面来讲,能源转型策略可着重从能源碳排放系数、能源消耗强度和城市化水平三方面入手。

（1）能源碳排放系数

图 10 为 1990 年以来中国能源碳排放系数的分布图。可以明显看出 1992 年实行市场经济后,大量工业园区兴起,粗放型增长下煤炭消耗比重较大,所以 1993 年能源碳排放系数突然上升,随后几年呈现波动性增长。2000 年后,政策导向鼓励节约能源,使用绿色能源,且 2003 年整改工业园区,因此 21 世纪以来能源碳排放系数在低于 20 世纪 90 年代末的均值的水平线上波动。当前,我国能源进入一个新的阶段,未来能源碳排放系数需要进一步降低。政府应鼓励企业挖掘新能源市场,降低煤炭消费比重。不过短期内大幅度缩小煤炭在能源结构中的比例较不现实,可考虑同时降低煤炭和石油比例,发展清洁能源,以此降低能源碳排放系数。

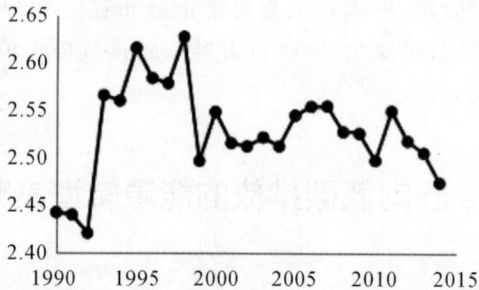

图 10　历年碳排放系数分布图

（2）能源消耗强度

能源消耗强度改革需进一步加强工业能耗的技术改建和建筑能耗的全生命周期理念引入。发展中国家的建材产品生产能耗与国外先进水平相比差距很大。以中国为例，早年其建材产品生产能耗与国外先进水平相差幅度在 40%～60%，有的产品甚至差几倍。而且即使是国内先进水平能耗和一般水平相比，亦有 30%～40% 的差距（陈敏，1997）。若要降低工业能耗，除加强生产单位的能源管理外，更要注重技术水平的改进，开展以企业自身特点为依托的节能技术改造措施。诚然，降低能源消耗强度的问题不能单纯从技术改造入手，还需要全方位考量，即从建筑能耗的全生命周期考虑建筑节能。全生命周期指的是贯穿产品生命周期的全过程（Klöpffer，1997）。建筑物的全生命周期能耗不仅考虑到了建筑运行能耗，还考虑到了建筑材料准备阶段能耗和建筑施工能耗，甚至还考虑到了拆除及材料循环利用因素的能耗（陈伟珂 & 罗方，2008）。

（3）城市化率

城市化过程涉及生产和生活两方面，生产的能源转型反映为产业结构的变迁，生活上能源转型可概述为日常生活的节能。2000 年以来我国的制造业总产值持续上涨，中美差距不断缩小；2008 年中国制造业产值超过美国，成为名副其实的"世界工厂"。随着城市化进程的推进，流动人口来到城市，多在制造业和服务业等行业部门工作，促进了非农产业，尤其是第二产业的发展。然而第二产业比重和能源消费总量及石油、天然气消费量之间存在长期协整关系，要缓解经济增长中能源需求的压力，只有通过产业调整，加快发展现代服务业，减少国民经济发展对工业增长的过度依赖，转变粗放增长才有机会实现（刘满平 & 朱霖，2006；魏楚 & 沈满洪，2007）。科学用能是节能的根本途径，提高能源利用率需从生产和生活两方面共同推进。

2. 治理结构

治理结构本质上是一套涉及激励与约束各利益方的管理体系（见图 11）。企业是微观经济活动的主体，低碳经济的发展离不开市场，低碳企业的发展必然也无法脱离市场。但由于这一转型过程涉及资源和环境的公共物品和外部性特征，使得价格、产量、成本和进入壁垒等相关假设条件不能满足市场要求，市场难以自由运行以有效配置资源，导致市场失灵。因此转型单靠市场自身的调控无法取得根本性的改善，需更多依赖政府的主导，政府应制定长远的、全局的发展规划，加强对作为经济发展主导力量的企业的引导，如制定能源相关的标准和奖惩措施来支持和推动企业、个人的生产生活步入低碳经济良性发展的轨道。此外，人大代表作为体系中的重要参与者应发挥其对政府的监督作用。当前能源转型目标的约束力较弱，各级地方政府低碳转型的动力普遍不足，容易出现政府主导乏力的情况。有效的监督机制能更好地完善能源低碳转型治理结构的体系运行。

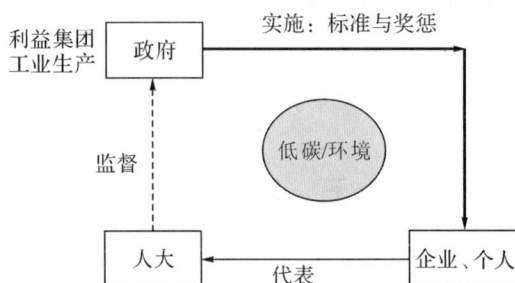

图 11　能源转型激励约束体系

3. 体制层面

为何在能源构成中煤炭的占比如此大？原因有二，其一，煤炭储量大；其二，煤炭已经形成了相关产业链，比如石化、重工、钢厂、供热等等，都离不开煤炭。降低煤炭比重的难点和重点在实现煤炭消费的总量控制，即通过分行业、分地区控制煤炭消费来减少总煤炭消费。企业通过技术转型完成行业内煤炭限额目标；政府通过转变地方财政收入模式，即将地方生产为主导的收税转变为财富积累的税收，减少地区煤炭消费。大量兴建工业园区尽管在短期内不能够给地方政府带来可观的土地出让金收入,但可以创造长期稳定的税收收入,因此地方政府乐此不疲地低价出让工业用地。工业用地蔓延,导致煤炭消费大量增加。若转变政府税收模式为财富积累的税收模式,降低开发区在经济发展中的地位,促进产业转型则利于低碳经济发展。

4. 文化层面

工业文明阶段,科学带来的生产力迅猛发展实现了人类的历史性跳跃,人对自然的态度表现为"人定胜天",现今森林破坏、环境污染、土地沙化、生物多样性锐减……这一切已严重威胁到人类的生存与发展。面对可持续发展的要求,人与自然的关系理应回归"天人合一",人不应当以征服和主宰自然为目的,反之应努力寻找两者之间的和谐。

针对能源绿色转型,建立环境正义的价值体系。随着城市化的快速推进,城市和农村从相互封闭走向频繁互动,城乡社会经济系统发生了深刻变化,这使城乡关系也暗藏诸多风险,譬如城乡资源争夺,城乡产业转移冲突,城乡污染扩散等(Ann et al., 2015;Shan, Ann & Wu, 2017)。未来城市发展应从原来追求经济增长模型转变为以社会福利发展原则为导向,优化城乡资源配置体系、城乡环境治理体系、城乡一体化发展体系,协调社会矛盾,缓解城乡冲突,稳步推进城乡低碳经济发展的能源转型。

五、结 论

经济社会结构变革的过程对中国乃至世界上其他发展中国家的碳排放而言都具有重要的影响,因此本文从 Kaya 恒等式入手,引入城市化率等相关因子,改进 Kaya 恒等式,将其因子分解为能源碳排放,能源消费强度,城市人均生产总值,农村人均生产总值,城市化率和人口总量等。以中国为例,结合回归拟合方法,定义各因子的取值和概率分布情况。本文以 2000—2014 年历年碳排放数据作一元线性拟合所得的 2030 年中国碳排放量为参照系,再利用 Monte Carlo 模拟得到情景一和情景二碳排放模拟结果。其中情景一各参数均以上文所定的分布形式代入模型仿真,情景二中单独控制城市化率为 65%、70% 和 75% 三个数值,进而完成模型仿真。模拟结果显示,中国 2030 年二氧化碳排放量在置信水平 0.680 上的置信区间是[15218,18682],在置信水平 0.950 上的置信区间是[13486,20414],在置信水平 0.997 上的置信区间是[11754,22146]。预测值的均值为 16950 百万吨,中位数为 16867 百万吨,标准差为 1732 百万吨。此外,一个发展中国家二氧化碳排放量受到能源结构、能源消费形式、城市发展等多个因子的共同作用,城市化推进的快慢会显著影响一个国家碳排放量的多少,城市化率越高,碳排放量越大。如在城市化率达到 65% 的水平,中国的碳排放量相对最低,碳排放均值为 16083 百万吨。当城市化率为 70% 时,碳排放量预测均值为 16956 百万吨。碳排放量最高的情景出现在城市化率为 75% 时,碳排放均值为 17832 百万吨。

以中国为代表的发展中国家的城市增长往往伴随着环境污染和碳排放量的急剧增长,数字化繁荣掩盖了资源浪费和环境恶化等严重问题。目前中国的工业园区肆意蔓延情况严重,开发区恶性竞争,工业园区滥圈地、投入产出率低,规划布局不合理、"三废"污染等土地利用问题在影响人们生活质量的同时,亦阻碍了社会的可持续发展。现今由于人类长期盲目追求经济增长而进行的生产、生活行为引发的环境退化已反作用于社会经济生活。《巴黎协定》后,各参与国家陆续在国内实施一系列改变能源结构,提高单位能源产出等政策。本研究结合模拟结果,从操作、治理结构、体制和文化四层面深入解析面向低碳排放的能源转型策略并提出能源转型政策建议,涉及内容包括能源结构、能源消费强度、能源转型利益集团、税收制度、城乡协调等,以助力于发展中国家低碳经济发展政策的科学制定。

参考文献

[1] Ann T W, Wu Y, Shen J, et al. The key causes of urban-rural conflict in China[J]. Habitat International, 2015(49): 65-73.

[2] Bank T W. World Development Report 2010: Development and Climate Change[J]. Climate & Development, 2010, 2(3):299-301.

[3] Finley M. The oil market to 2030: Implications for investment and policy[J]. Economics of Energy & Environmental Policy, 2012, 1(1): 25-36.

[4] Glaeser E L, Kahn M E. The greenness of cities: carbon dioxide emissions and urban development[J]. Journal of urban economics, 2010, 67(3): 404-418.

[5] He K, Huo H, Zhang Q, et al. Oil consumption and CO_2 emissions

in China's road transport：current status，future trends，and policy implications[J]. Energy policy，2005，33(12)：1499-1507.

[6] Klöpffer W. Life cycle assessment[J]. Environmental Science and Pollution Research，1997，4(4)：223-228.

[7] Li J，Dong X，Shangguan J，et al. Forecasting the growth of China's natural gas consumption [J]. Energy，2011，36（3）：1380-1385.

[8] McDonald R I，Green P，Balk D，et al. Urban growth，climate change，and freshwater availability[J]. Proceedings of the National Academy of Sciences，2011，108(15)：6312-6317.

[9] Shan L，Ann T W，Wu Y. Strategies for risk management in urban-rural conflict：Two case studies of land acquisition in urbanising China[J]. Habitat International，2017(59)：90-100.

[10] Shen L，Cheng S，Gunson A J，et al. Urbanization，sustainability and the utilization of energy and mineral resources in China[J]. Cities，2005，22(4)：287-302.

[11] United Nations. Department of Economic and Social Affairs. Population Division. World population prospects：the 2012 revision：extended dataset[M]. United Nations，2013.

[12] Wu Y，Shen J，Zhang X，et al. The impact of urbanization on carbon emissions in developing countries：a Chinese study based on the U-Kaya method[J]. Journal of Cleaner Production，2016(135)：589-603.

[13] Yu B，Lu C. Change of cultivated land and its implications on food security in China[J]. Chinese Geographical Science，2006，16(4)：299-305.

[14] 陈伟珂,罗方.基于全生命周期理论的建筑能耗问题研究[J].建筑科学,2008,24(10)：23-27.

[15] 陈敏.建材工业能耗现状及节能技术改造措施[J].中国能源,1997(10)：18-21.

[16] 刘满平,朱霖.我国产业结构调整与能源供给消费的协调发展研究[J].中国能源,2006,28(1)：11-14.

[17] 刘耀彬,李仁东,宋学锋.中国城市化与生态环境耦合度分析[J].自

　　　然资源学报,2005(1)：105-112.

[18] 魏楚,沈满洪.能源效率及其影响因素基于 DEA 的实证分析[J].管理世界,2007(8)：66-76.

[19] 张坤民.低碳世界中的中国:地位,挑战与战略[J].中国人口资源与环境,2008,18(3)：1-7.

[20] 邹秀萍,陈劭锋,宁淼,等.中国省级区域碳排放影响因素的实证分析[J].生态经济,2009(3).

四 低碳经济与产业优化升级

中国产业结构演进节能潜力分析

张 雷[1] 李艳梅[2]

(1. 中国科学院区域可持续发展分析与模拟重点实验室，中国科学院地理科学与资源
研究所，北京 100101；2. 北京工业大学循环经济研究院，北京 100124)

一、引 言

目前中国是世界第二大经济体和最大的能源消耗国。在全球能源供应日趋紧张和气候变暖的双重压力下，节能减排已成为未来中国持续发展的必然选择。2016 年，《中华人民共和国国民经济和社会发展第十三个五年规划纲要》正式发布，明确提出 2020 年能源消费总量要控制在 50 亿吨标准煤以内。

各国实践表明，能源消费是一种社会公共行为，通过产业结构的合理演进来改善社会总体能源的投入产出效率，是实现国家和地区能源节约的最基本途径。作为后起工业化国家，中国必须重视自身产业结构发育的调整，充分发挥产业结构节能减排潜力。

二、产业发展及能源消费特征

1. 中国产业结构演进特征

与发达国家相比，中国的产业结构演进具有明显的后起工业化国家特征，即重化制造业占据整个产业发展的绝对主导地位。在中国 60 多年的工业化发展过程中，产业结构演进的最突出特征是第二产业独占鳌头，第三产业，尤其是围绕实体经济的研发、设计、市场营销、售后及人员培训等服务部门的发展严重滞后。1952—2013 年，第二产业对 GDP 的贡献度年均增长 1 个百分

点,2013年达到75.67%(1952年不变价,下同)。而第三产业发展迟缓,对GDP的贡献度一直未超过30%,而且20世纪90年代以来,还出现了下降趋势(见图1)。

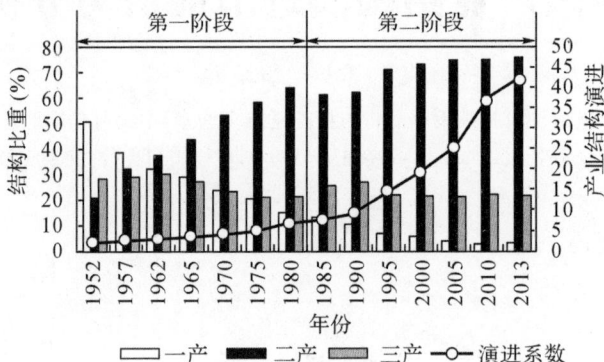

图1   中国产业结构演进(1952—2013,1952年价)

进一步分析中国产业结构的演进特征,该过程大体分为两个阶段[1-2]。

第一,产业结构演进的初期阶段(1952—1980年)。呈现工业化初期的典型特征,第一产业比重大幅下降,1980年占GDP的14.78%,与1952年比下降了35.99个百分点;第二产业比重快速上升,1980年占比达63.86%,提高了43.14个百分点;而第三产业比重始终未超过30%,并有下降趋势。因此,这一阶段产业结构多元化演进系数①变化不大,产业结构多元化进程缓慢。

第二,产业结构演进的稳定阶段(1980—1990年)。第二产业在经济发展中占据绝对主导地位,占GDP的比重超过了60%;2013年占GDP的比重甚至上升到了75.67%;第一产业比重继续下降,2013年已仅占2.38%;第三产业比重略有上升,主要原因在于,与上一阶段只重视生产活动创造财富相比,开始重视生活服务。因此,该阶段产业结构多元化演进系数提高,产业结构多元化进程加快。

2. 中国能源消费总量特征

随着工业化进程的推进,中国能源需求总量不断增长,但是增速变化比较

---

①   产业结构多元化演进系数为 $ESD = \sum (P/P, S/P, T/P)$,其中 P 为第一产业产出,S 为第二产业产出,T 为第三产业产出。

曲折。1952—1980 年,一次能源消费年均增长 9.40%,1980—2013 年间年均增长 11.44%(见图 2)。

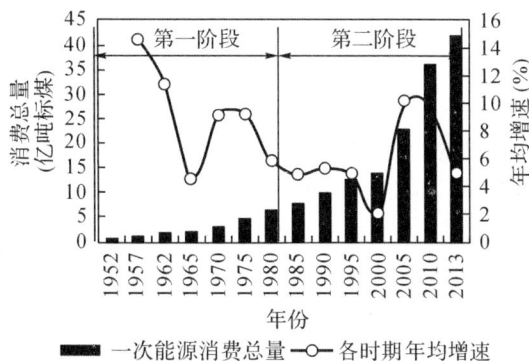

图 2　中国一次能源消费总量变化(1952—2013 年)

3. 单位产出能源消耗特征

在产业结构演进的不同阶段,单位产出能耗的变化也表现出不同的特征。总体趋势先上升后下降,具体阶段变化比较曲折。1952—1980 年,单位产出能耗年均降幅 0.32 万吨标煤/亿元,1980—2013 年间年均降幅 0.22 万吨标煤/亿元(见图 3)。

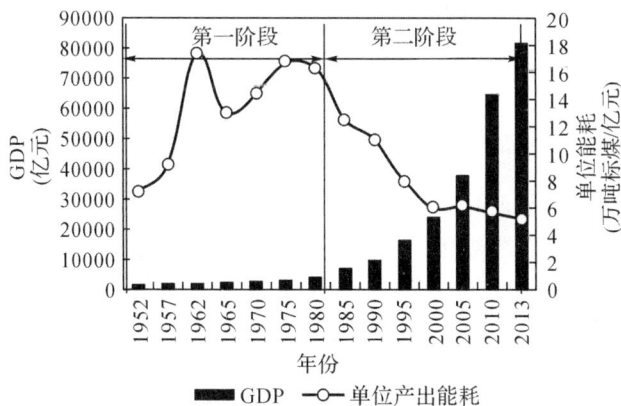

图 3　中国单位产出能耗变化(1952—2013 年,1952 年价)

4. 产业结构与能源消费的关联特征

（1）能源消费总量分析

结构演进—能源消费关联模型[①]分析的结果表明,中国工业化进程中的一次能源消费与产业结构演进存在着密切的关系[3]。随着产业结构的演进,能源消费总体表现出增长的趋势(见图4)。

阶段分析结果表明,在工业化初期阶段(1952—1980年),中国的产业结构演进表现出明显的能源消费增长需求(见图5a),这是工业化初期的典型特征,可称为结构演进的增速效应;进入稳定发育阶段后(1980—2013年),国家产业结构多元化进程中能源消费增长表现出减速效应;然而,当工业化进入转型时期后,能源消费增长的增速效应成为这一时期产业结构演进的主导(见图5b)。

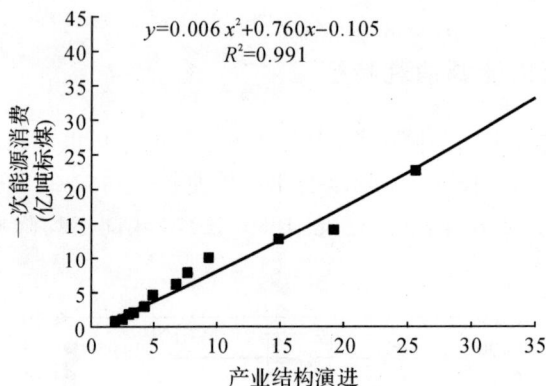

$$y=0.006\,x^2+0.760x-0.105$$
$$R^2=0.991$$

图4　中国结构演进—能源消费模型总体分析(1952—2013年)

（2）单位产出能耗分析

结构演进—单位能耗模型[②]的分析结果显示,随着国家产业结构的演进,中国的单位产出能耗呈现出明显下降态势,但是相关系数较低($R^2=0.453$,见图6),表明在过去60多年的工业化进程中,中国产业结构演进对单位产出

---

① 模型的数学表达方式为:EEI=EU/ESD,其中,EU 为一次能源消费;ESD 为产业结构多元化演进系数,其计算公式见前文脚注。

② 模型的数学表达方式为:EEE=EE/ESD,在这里,EE 为地位产出一次能耗系数,即一次能源消费总量与 GDP 之比值;ESD 为产业结构多元化演进系数,其计算公式见前文脚注。

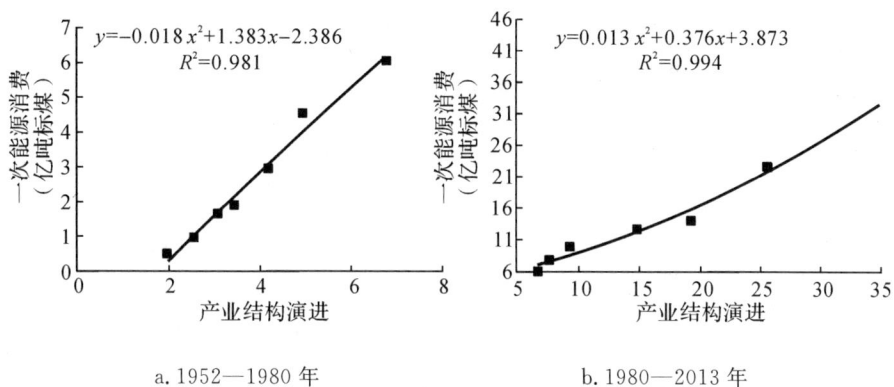

a. 1952—1980 年   b. 1980—2013 年

图 5   中国结构演进—能源消费模型阶段分析

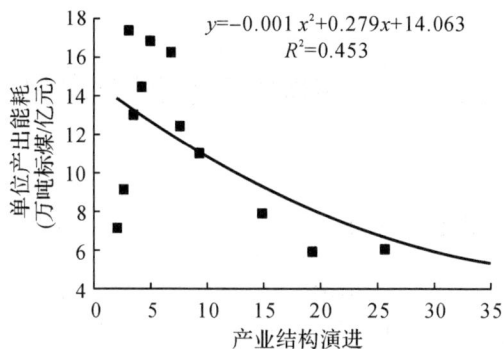

图 6   中国结构演进—单位能耗模型总体分析(1952—2013 年)

能耗下降的推动作用较弱。

　　阶段分析结果表明,在国家工业化初期阶段(1952—1980 年),由于国家重点发展重工业基础,全国单位产出能耗明显上升,这一时期产业结构演进表现出明显的单位能耗增速效应(见图 7a);进入稳定发育阶段后(1980—2013 年),由于国家实施产业部门的多元化发展,中国的单位产出能耗开始出现大幅下降,与初期阶段相比,这一时期产业结构的演进则呈现出明显的单位能耗减速效应(见图 7b)。

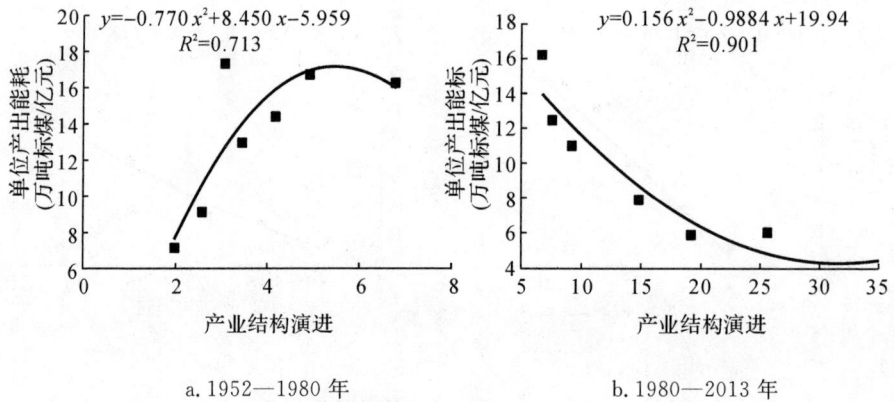

a. 1952—1980 年　　　　　　b. 1980—2013 年

图 7　中国结构演进—单位能耗模型阶段分析

三、产业结构的节能潜力预测

1. 产业发展总量与结构变化趋势

就总量而言,未来 20 年,中国 GDP 的年递增速度很有可能保持在 6% 左右。以此计算,预计中国 GDP 在 2020 年时将达 11.70 万亿元(1952 年价格;2010 年价格为 75.74 万亿元);2030 年时则可能达到 21.64 万亿元(1952 年价格;当年价格约为 139.61 万亿元)。

随着工业化发展的推进,中国经济发展的结构也有所变化。产业结构演进速度明显加快,2020 年时可能为 45.76;2030 年时则可能达 54.13(见图 8)。

2. 能源消费总量变化趋势

基于对经济总量和结构演进的判断,对中国 2015 年到 2030 年的能源消费总量进行预测发现,中国 2010 年之后一次能源消费总量增速明显放缓,年递增速低于 4%。到 2020 年,中国一次能源消费有可能为 45.5 亿吨标煤左右;2030 年时则有可能达 46 亿吨标准煤(见图 9)。

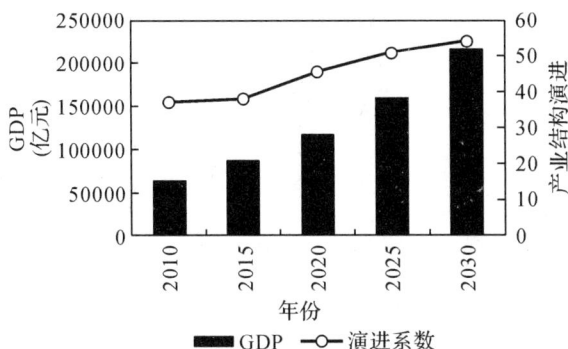

图 8　未来中国 GDP 及结构演进趋势(2010—2030 年,1952 年价)

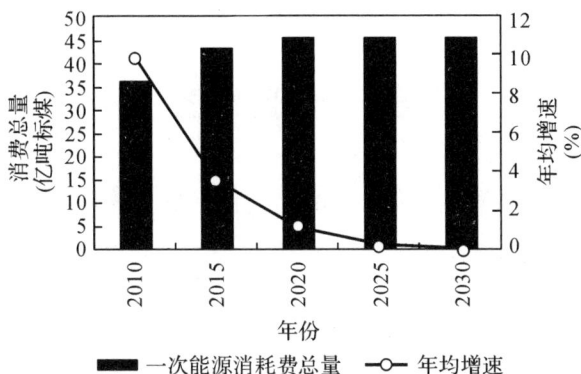

图 9　未来中国一次能源消费总量变化趋势(2010—2030 年)

3. 单位产出能耗变化趋势

随着产业结构多元化的演进,未来 20 年中国单位产出能耗总体呈现下降趋势。基于对中国经济总量和结构演进的预测,中国单位产出能耗在 2020 年时有可能降至 3.89 万吨标煤/亿元左右,与 2010 年相比下降 32 个百分点;2030 年时则可能进一步降至 2.12 万吨标煤/亿元左右,与 2010 年相比下降 63 个百分点(见图 10)。

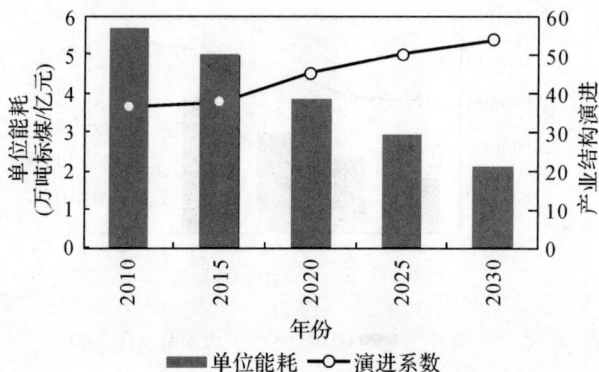

图 10　中国产业结构演进过程中的单位能耗变化趋势(2010—2030 年,1952 年价格)

四、节能路线图

基于对产业结构节能潜力的预测,可以归纳出未来结构节能的路线。

将 2010 年作为基期,分别预测 2015 年、2020 年、2025 年和 2030 年产业结构演进及其节能潜力。结果表明,与 2010 年相比,2015 年、2020 年、2025 年和 2030 年单位 GDP(1952 年价格,下同)的能源消耗分别下降 12%、32%、50% 和 63%。

具体来看,2010 年,中国 GDP 为 6.34 万亿元(1952 年价格;2010 年价格为 40.89 万亿元,约合 5.75 万亿美元),第一、二、三产业所占比重分别为 3%、75% 和 22%,产业结构演进系数为 36.9;一次能源消费总量为 36.1 亿吨标煤。这种二产独大的产业结构导致了单位产出能耗较高的局面,2010 年单位产出能耗为 5.69 万吨标煤/亿元(1952 年价格;2010 年价格为 6.28 万吨标煤/亿美元)。

预计到 2015 年,GDP 将增加到 8.57 万亿元(1952 年价格;2010 年价格约为 7.77 万亿美元),三次产业中,第二产业比重大幅下降到 67%,第三产业比重提高到 30%,产业结构演进系数提高到 38.0;一次能源消费增加到 43.0 亿吨标煤。2010—2015 年间,产业结构演进系数每提高 1 个单位,单位能耗下降 0.64 万吨标煤/亿元,2015 年下降到 5.02 万吨标煤/亿元(1952 年价格;2010 年价格为 5.54 万吨标煤/亿美元)。

到 2020 年,GDP 将达到 11.70 万亿元(1952 年价格;2010 年价格约为 10.64 万亿美元),三次产业中,第二产业比重下降到 59%,第三产业比重提高到近 40%,产业结构演进系数达 45.8;一次能源消费增加到 45.5 亿吨标煤。2015—2020 年间,产业结构演进系数每提高 1 个单位,单位能耗下降 0.15 万吨标煤/亿元,2020 年下降到 3.88 万吨标煤/亿元(1952 年价格;2010 年价格为 4.28 万吨标煤/亿美元)。

2025 年,GDP 预测增加到 16.02 万亿元(1952 年价格;2010 年价格约为 14.52 万亿美元),三次产业中,第二产业比重下降到 50%,第三产业比重提高到 48%,产业结构演进系数达 51.0;一次能源消费增加到 46.0 亿吨标煤。2020—2025 年间,产业结构演进系数每提高 1 个单位,单位能耗下降 0.20 万吨标煤/亿元,2025 年下降到 2.87 万吨标煤/亿元(1952 年价格;2010 年价格为 3.17 万吨标煤/亿美元)。

到 2030 年,GDP 将达到 21.64 万亿元(1952 年价格;2010 年价格约为 19.61 万亿美元),三次产业中,第二产业比重下降到 41%,第三产业比重提高到 57%,超过第二产业占比,产业结构演进系数提升到 54.1;一次能源消费增加到 46.0 亿吨标煤。2025—2030 年间,产业结构演进系数每提高 1 个单位,单位能耗下降 0.23 万吨标煤/亿元,2030 年下降到 2.13 万吨标煤/亿元(1952 年价格;2010 年价格为 2.35 万吨标煤/亿美元)。

总体来说,产业结构多元化演进对中国节约能耗起到重要的推动作用。随着第二产业比重下降,第三产业比重上升,单位产出能耗不断下降,能源消费总量增速也有所减缓。未来,节能目标能否实现的关键在于产业结构演进状态的发育,尤其是第三产业的发展[4]。

五、结论与建议

根据上述分析,得出以下主要结论:

(1)全球工业化的实践表明,各国工业化发展进程中产业结构均遵循一定规律演进:轻纺工业的主导地位让位于重化工业,并最终实现服务业主导的稳定状态。中国目前正处于由重化工业主导向服务业主导的产业结构转变的关键阶段。

(2)在国家产业结构的有序演进过程中,不可避免地导致能源消费增长也呈现出相应的变化。能源消费总量不断增长,但是增速呈现出阶段性变化特点,以 1980 年为界,增速由慢变快。能源消费强度的变化虽然有所波折,但是总体呈现出先上升后下降的趋势。

(3)2030 年之前,中国产业结构的多元化演进将表现出明显加速,产业结构演进的节能潜力将得到有效释放。中国虽然 GDP 保持 6％左右的年均增速,但随着第三产业的发展,第二产业所占比重将明显降低,国家能源消费总量增速明显放缓,大体不足 4％。相应地,单位产出能耗仍会不断下降。与 2010 年相比,2020 年和 2030 年分别下降 32％和 63％。

可见,产业结构的多元化演进对中国节能降耗有重要的推动作用。因此建议:

第一,提高对产业结构节能的重视,将结构节能置于节能工作的首位,以最大限度地发挥结构节能减排的潜力;

第二,加大第三产业的发展力度,逐步改变第二产业占比较高的局面,以发挥结构演进的节能效应;

第三,从影响产业结构变化的供给、需求、国际贸易等因素着手,采取措施来应对能源约束问题,确保节能减排目标的实现。供给层面,通过要素替代和规模经济效益,促使工业结构朝节能方向演进;需求层面,通过调整消费结构和模式,减少对能源消耗的引致需求;国际分工层面,全面推进技术进步和改善出口结构,减少出口贸易隐含能源消费。

参考文献

[1] 张雷,蔡国田.中国能源消费增长趋势分析[J].中国软科学,2006(11):1-6.

[2] 张雷,黄园淅.中国产业结构节能潜力分析[J].中国软科学,2008(5):27-34,51.

[3] 张雷,李艳梅,黄园淅,等.中国结构节能减排的潜力分析[J].中国软科学,2011(2):42-5

[4] 中国科学院地理科学与资源研究所能源战略研究小组.中国区域结构节能潜力分析[M].北京:科学出版社,2007.

我国新能源汽车创新政策评估

刘 兰 剑

（长安大学政治与行政学院,陕西西安 710064）

一、引 言

当前,我国面临着三个相互交织的问题,即经济增长、环境问题以及能源安全。第一个问题源于对陷入"中等收入陷阱"的担心,即当前的经济缺乏创新,创新依赖国外,本国主要从事低附加值的生产加工。第二个问题是环境污染带来的问题变成了进一步增长的障碍。第三是过度依赖国外的石油资源,能源安全受到威胁。新能源汽车正是破解这三个问题的焦点产业。因此,我国把新能源汽车列为 7 大战略性新兴产业之一。为了争取在新一代的汽车竞争中掌握核心技术,改变汽车产业"技术空心化"的问题,我国政府采取了很多政策措施,大力推进新能源汽车的合作研发工作,2009 年至今,从"地方队"到"行业队"到"国家队"再到"国际队",已成立至少 16 个新能源汽车联盟,拉开了产业发展攻坚战的序幕。

我国新能源汽车产业技术创新政策的一个重要前提假设是,全世界的新能源汽车研发同时起步,我国有可能利用这种突破性创新机会实现"弯道超车",彻底摆脱汽车产业"有产业,无技术"的被动局面,实现新能源汽车技术领先世界的目标。以这个假设为基础,我国汇集了大量的技术力量,出台了大量的激励政策,鼓励各类新能源汽车创新网络展开研发和市场开拓活动。经过多年努力,我们设定的政策目标实现程度如何? 当前世界各国新能源汽车产业的技术水平究竟是什么样的格局? 怎样才能更好地推动我国新能源汽车产业的技术进步? 这些问题值得我们深入探讨。

二、"弯道超车"计划是否可能实现？

　　从技术发展水平来看,世界范围内的新能源汽车研发活动似乎是同时起步,但目前的专利数量却大相径庭。截至 2015 年年底,日本的电动汽车专利数量是 16999 项(PCT 数据,下同),美国是 10562 项,而我国只有 3421 项,在这三个国家的占比中,日本占 55％,美国占 34％,我国仅占 11％,如图 1 所示。日本和美国分别为我国的 4.97 倍和 3.1 倍。依据目前的数据来看,借助新能源汽车彻底改变我国汽车产业"技术空心化"战略的实现似乎变得非常困难,我国和日本、美国等发达国家的技术差距正在逐步拉大,"弯道超车计划"难以实现。

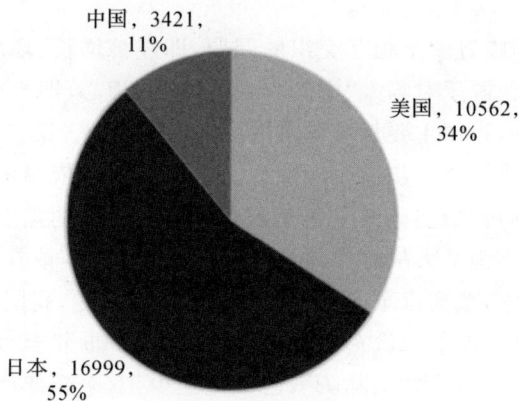

图 1　美日中三国电动汽车专利总量(1988—2015 年)

　　与专利情况不同,我国的新能源汽车在市场销售方面取得了非常亮眼的业绩。2015 年我国新能源汽车销售 331092 辆,超过美国成为世界第一。但是应该看到,我国的销售业绩是在财政补贴政策的刺激下取得的,在补贴逐步退出的"退坡"机制下,新能源汽车的销售量可能会大幅度减少。以 2013 年的新能源汽车销售状况为例,由于第一轮补贴政策于 2012 年底结束,第二轮补贴政策于 2013 年 9 月实施。在近 9 个月的政策空档期,补贴政策不明朗使得新能源汽车推广量寥寥无几,可见,财政补贴刺激下的销售业绩难以持久。

三、电动汽车世界技术中心发生转移

新能源汽车虽然有混合动力、燃料电池等多种技术路线，但世界各国逐渐把重点发展对象集中到了电动汽车上面，我国也不例外。

有效专利数量是衡量一个国家技术先进程度的通用标准。2011 年之前，电动汽车专利总数最多的是美国，2011 年到 2015 年，日本转而成为世界电动汽车专利最多的国家。截至 2011 年，美国以累计 7034 项专利稳居世界第一，其次是日本（6837 项），我国仅有 1284 项专利。2011 到 2015 年的 5 年间，日本取代美国成为世界第一专利大国（16999 项），而且数量远远超过美国（10562 项），专利总数是美国的 1.6 倍，是我国（3421 项）的 4.97 倍。因此，电动汽车的世界技术中心由美国转移到了日本。

对日本和美国的新能源汽车技术创新网络进行研究发现，与我国的财政补贴着力于市场开拓不同，日本和美国的政策激励措施主要指向关键零部件的技术研发，因此，两国的技术进步速度迅速。

日本政府挑选了丰田、日产等重要的关键企业进行扶持，通过 LIBES 建立长期合作研发网络，进行从基础研究到应用研究的全面合作，破解了创新网络中的机会主义行为问题，取得了显著的成效。美国也采取了财政直接投资研发的政策，但最终因为零部件企业和整车企业的结合不够紧密，导致部件企业的研发风险加大，企业参与研发的积极性不高，创新网络中难以建立相互信任关系，最终致使美国失去了电动汽车专利总数世界第一的地位。

四、调整财政资助对象与方式，加快技术追赶速度

为了推动新能源汽车产业的发展，我国出台了大量的政策。但最为有效的是针对销售的财政补贴政策。根据 2009 年《关于开展节能与新能源汽车示范推广试点工作的通知》，购买混合动力乘用车最高可获得 5 万元补贴，购买纯电动乘用车最高可获得 6 万元补贴，购买燃料电池乘用车最高可获得 25 万元补贴；购买混合动力商用车最高可获得 42 万元补贴，购买纯电动商用车最高可获得 50 万元补贴，购买燃料电池商用车最高可获得 60 万元补贴。正是这种大幅度的财政补贴刺激了我国新能源汽车的市场需求，使得我国新能源

汽车的销量迅速增长，成为仅次于美国的第二大国。

虽然在新能源汽车市场销售方面暂时取得了一定业绩，但我国的技术水平与发达国家的差距越来越大的事实不容忽视，如果政策着力点从关注销售为主调整到技术进步和销售同时关注，结果就会大相径庭。当前我国汽车产业"重整车，轻部件"导致的主体错位，使得关键部件技术创新乏力。长此以往，新能源汽车这片"蓝海"又将和传统的汽车一样，由于缺乏核心技术而沦为发达国家车企的生产基地。

当前应该借鉴日本的成功经验，为了避免合作中的机会主义行为，降低企业研发投入的风险，必须组建由关键零部件企业、整车企业、高校等科研院所以及基础设施建设单位共同组成的新能源汽车研发联盟，开展从基础研究到应用及开发研究的全面合作，联盟的部分经费由政府提供，联盟的合作是以10年为单位计的长期合作而非短期的临时合作，创新收益归联盟成员共有，这样才能有效地降低机会主义行为的风险，提高合作研发绩效，使我国的新能源汽车技术不落后于发达国家。

五、重构商业模式，用竞争替代财政补贴推动市场

财政补贴推动下的市场难以持久，为了争取补贴而形成的销售繁荣必将随着补贴的退出而衰减，而且，侧重销售的战略会使我国错失新能源汽车技术领先的"百年良机"。如何建构依靠市场推动技术进步的正反馈循环机制？

目前，新能源汽车的电池占到整车成本的60%左右，因此，电池成本的下降是整车价格下降的关键。由于新能源汽车使用的电池的大部分材料可以回收利用，因此，建议推行"车电分离，电池回收"的多回路竞争商业模式。在该模式中，电池由供应商免费提供，换电站通过昼夜电价差异弥补部分电池成本，其余部分运用规范的处理程序回收，就可以收回电池的大部分成本。通过车辆制造商之间、电池生产商之间、换电站运营商之间的多回路竞争机制，迫使企业必须集中力量进行技术开发，降低产品成本，以应对多重市场竞争，形成新能源汽车价格不断降低、技术进步速度加快的正反馈机制，使我国新能源汽车产业技术水平不断自我强化，从而摆脱汽车产业"技术空心化"的窘境。

中国水资源绿色效率与空间溢出效应测度

孙才志[1,2] 姜 坤[1] 赵良仕[2]

(1. 辽宁师范大学城市与环境学院；

2. 辽宁师范大学海洋经济与可持续发展中心，大连 116029)

一、引 言

水资源利用效率的提高已经成为中国保持可持续发展的必要条件。水资源短缺和水生态恶化是中国水资源管理的两个主要问题。中国的水资源短缺状况严重，人均水资源占有量只有 2100 m³（中华人民共和国国家统计局，2015），不到世界人均水平的四分之一（陈家琦等，2013）。此外，水资源时空分布不均匀（Sun et al,2016），且日趋严重的水污染问题使水资源短缺状况雪上加霜，这些问题阻碍了社会经济的发展。目前，从国家战略和安全角度出发，水资源利用效率的提高推动了水资源的可持续利用。因此，水资源利用效率已成为一个热点问题，成为全球各国密切关注的重要研究课题。

水资源利用效率的研究在水科学研究领域起着至关重要的作用，它已被广泛应用十许多领域，并取得了重大进步。在农业用水领域，许朗等(2012)运用随机前沿分析(SFA)测算农业灌溉用水的利用效率，认为其效率是由许多影响因素共同作用的结果；Omnezzine 和 Zaibet(1998)运用 SFA，讨论了节水技术对农业灌溉用水效率的积极作用；Kaneko(2004)利用 SFA 测算农业灌溉用水效率，认为气候等自然因素以及农田水利和其他基础设施共同影响灌溉用水效率。Karagiannis(2003)和 Dhehibi(2007)也进行了农业灌溉用水效率的相应研究。在工业用水领域，李静等(2014)运用 SBM 模型测算工业用水效率，其研究认为价格杠杆的调节作用对工业用水效率影响很大；姜蓓蕾等(2014)基于工业用水效率测算的结果，运用主成分分析法，探讨了工业用水效率的驱动因素；岳立等(2003)采用 DEA-Mlmquist 指数分解法测算工业用水效率，认为效率变化率是促进工业用水效率的根本驱动因素；陈关聚等(2013)

也进行了工业水资源利用效率的相关研究。在生活用水领域,方诗标等(2013)运用 SFA 评估城市国内用水效率,从综合效益的角度选取了最佳的人均用水指数。在生态用水领域,刘涛等(2016)将 SBM 用于测算中国的生态用水效率,并探索了其空间分布模式。

我国水资源利用效率的研究方法,大致可以归结为四类:第一是对单因素进行评价的比值分析法,其优点是简单,容易进行比较分析,但缺点是不利于发现阻碍整体资源潜力充分发挥的限制因素;第二是指标体系法,此方法可以综合反映社会、经济、自然各子系统的发展水平和协调程度,适用于分析较为复杂的对象,但该方法存在指标选取的任意性和指标权重确定的主观性等缺陷;第三是 SFA,该方法的优势在于可以将残差项分解为无效率和随机噪音,但缺点是需要预先设定函数的形式;第四是数据包络分析(DEA),该方法是目前最常用的方法,在处理多输入和多输出方面具有许多优点(Charnes et al,1978),它消除了设置函数形式的麻烦,避免了函数集偏差,消除了烦琐的三阶段 DEA 模型,因此它被广泛应用于水资源利用效率这一研究领域。

水资源效率的研究经历了简短的演变过程。许多学者研究了水资源利用效率,其中大多数学者将水资源、资本和劳动力作为投入指标,GDP 作为产出指标。起初,经济发展被认为是重中之重,反映在水资源效率的评估系统中是将 GDP 指数作为单一产出指标。基于这个理念,对水资源效率的相关研究取得了一定进展。孙才志等(2008)运用 DEA 计算水资源利用效率,得出尺度冗余率和人均 GDP 之间的关系与库兹涅茨理论一致的结论;廖虎昌等(2011)运用 DEA 计算水资源利用效率,并认为技术因素是影响水资源利用效率的主要因素;董战峰等(2012)运用 DEA 计算水资源利用效率,并调整各种水资源的投入参数,以实现水资源的最优分配;马海良等(2012a)将 DEA 用于计算水资源利用效率,发现技术进步和技术效率的增长可以改善用水效率。在对水资源效率的内涵有了更深入的了解之后,其产出被赋予了更多的含义。由于社会经济的快速发展,人们更关心可持续发展,因此,需要评价水污染等负面影响(Scheel,2001)。然而,传统的 DEA 不能解决松弛性问题,导致偏差估计,为了解决这一问题,一些学者采用 SBM 模型测算水资源效率,并将 GDP 作为期望产出,环境因素(如水污染)作为非期望产出。赵良仕等(2014)将 SBM 模型用于测量水资源利用效率,并将工业灰水足迹作为非期望产出;陈关聚等(2013)运用 SBM 模型将化学需氧量(COD)排放总量作为非期望产出测算水资源利用效率;马海良等(2012b)使用 SBM 模型估计水资源利用效率,并将工业和家庭废水排放量的总和作为非期望产出。孙才志等(2014)、赵良仕等(2014)运用 SBM-DDF 模型测量水资源利用效率,并将工业灰水足迹作为非期望产出。

对于水资源利用效率的研究仍然存在以下问题:第一,水资源利用效率的理论基础尚待夯实。现有理论多基于计量经济学,缺乏基于资源经济学、环境经济学和地理学的理论支持,从而导致研究成果的经济学解释能力和空间表达能力偏弱。第二,水资源利用效率的内涵需要完善。GDP 指数是评价体系中的单一产出,仅考虑效率的经济内涵,忽视了其环境、社会内涵。第三,DEA 模型指标需要修订。在产出指标方面,少数研究认为废水排放是一个非期望产出,未能充分考虑水污染对生态环境造成的实际损失。第四,少数研究考虑了经济和环境因素,但是缺乏社会维度指标,导致水资源利用效率的偏差估计。

"绿色发展"是当前社会发展的主题,其实质是减少资源消耗和环境污染,加强生态管理和环境保护,以改善经济、社会和生态的整体协调(马建堂,2012),其核心目的是以人为本,是为了给人们带来福利。绿色发展需要经济、社会和生态因素的有机统一,我们应该遵循这种发展态势,坚持以人为本的观念,不要偏离经济社会文明建设。因此,需要运用这一理念将绿色发展与水资源利用效率相结合,来解决与水资源利用效率相关的问题。

鉴于此,本文将社会维度纳入期望产出评价指标体系中,综合考虑水资源利用效率,并沿用 SBM-DEA 模型,测算出 2000—2014 年中国 31 个省区市水资源利用效率,运用核密度分析法对水资源绿色效率、水资源环境效率、水资源经济效率进行对比分析研究其空间演化趋势,并运用 SDE 模型对中国水资源利用效率的空间溢出效应进行分析,旨在为解决水资源问题提供合理依据,促进水资源的合理利用,进而实现区域的可持续发展。

二、水资源绿色效率的概念与内涵

水资源效率是水资源等相关生产要素投入和带来的产出的比率(沈满洪等,2008)。水资源作为一种自然资源,必须和其他生产要素相结合才能带来真正的产出,故其效率就是水资源等相关生产要素投入和带来的产出的比例。绿色发展的本质是降低资源消耗,减少环境污染,加强生态治理和环境保护,实现经济、社会、生态环境全面协调可持续发展(马建堂,2012)。依照沈满洪等(2008)对水资源效率的界定,根据实际情况,结合绿色发展理念,本研究将水资源绿色效率定义为水资源等生产要素投入和带来的经济、社会和生态环境的产出的比率。水资源绿色效率侧重于水资源服务或者水资源的社会效益,在此基础上实现经济—社会—生态环境的三赢。

水资源绿色效率内涵主要包括以下三方面:一是经济内涵,即在一定时期内,一定的生产力水平下,以最小的经济投入实现最大的经济产出或者是用相同或者更少的水资源投入获得更多的经济产出;二是社会内涵,即以人为本,对水资源的利用,是以不断地满足人类发展对物质和精神消费的需求为目的,实现共享、公平分配,提高社会福利水平,增加人类福祉和幸福感,实现社会的包容性发展,这也是人类社会发展的内涵;三是生态环境内涵,即要求水资源的利用要建立在保护与改善自然环境、维护生态平衡的基础上,逐步降低实际生产过程中非期望产出带来的污染物对生态环境的破坏程度。

三、研究方法与数据来源

1. 非期望产出的 SBM 模型

Tone(2013)所构建的 SBM-DEA 模型将松弛变量直接纳入目标函数中,解决了松弛性影响测度值精确度的难题。考虑非期望产出的 SBM 模型剔除一般径向 DEA 模型中松弛性问题所造成的非效率因素,解决了非期望产出存在的水资源效率评价问题,使得不同时期各决策单元都具有可比性。因此,本文采用 SBM 模型,更加准确地测算水资源绿色效率。

借鉴 Tone 提出的非径向、非角度基于松弛变量的改进的 SBM 模型和考虑非期望产出的 SBM 模型,构建固定规模报酬、非期望产出的 SBM 模型:

$$\rho = \min \frac{1 - \frac{1}{N} \sum_{n=1}^{N} s_n^x x'_{k'n}}{1 + \frac{1}{M+I} \left(\sum_{m=1}^{M} s_m^y y^{t'}_{k'/m} + \sum_{i=1}^{I} s_i^b b^{t'}_{k'i} \right)}$$

$$\text{s.t.} \sum_{t=1}^{T} \sum_{k=1}^{K} z_k^t x_{kn}^t + s_n^x = x^{t'}_{k'n}, n = 1, \cdots, N \qquad (1)$$

$$\sum_{t=1}^{T} \sum_{k=1}^{K} z_k^t y_{km}^t - s_m^y = y^{t'}_{k'm}, m = 1, \cdots, M$$

$$\sum_{t=1}^{T} \sum_{k=1}^{K} z_k^t b_{ki}^t + s_i^b = b^{t'}_{k'i}, i = 1, \cdots, I$$

$$z_k^t \geqslant 0, s_n^x \geqslant 0, s_m^y \geqslant 0, s_i^b \geqslant 0, k = 1, \cdots, K$$

式中，ρ 为要计算的水资源效率值，N,M,I 分别为投入、期望产出、非期望产出个数，(s_n^x, s_m^y, s_i^b) 表示投入产出的松弛向量，$(x_{k'n}^{t'}, y_{k'm}^{t'}, b_{k'i}^{t'})$ 是第 k' 个生产单元的 t' 时期的投入产出值，z_k^t 表示决策单元的权重。目标函数 ρ 关于 s_n^x, s_m^y, s_i^b 严格单调递减，且 $0 < \rho \leqslant 1$；当 $\rho = 1$ 时，生产单元有效；当 $\rho < 1$ 时，生产单元存在损失。

2. 核密度估计

核密度估计（KDA）用于估计概率理论中的未知密度函数，属于非参数检验方法之一（Jones et al, 1996）。对于给定的核函数 K，正平滑因子 h，数据 $x_1, x_2, \cdots, x_n$，KDA 由下式给出：

$$f(x) = \frac{1}{nh} \sum_{i=1}^{n} K\left(\frac{x - x_i}{h}\right) \tag{2}$$

式中，h 是窗口宽度，$K(\cdot)$ 是核密度函数。本研究采用高斯核：

$$\text{Gaussian}: \frac{1}{\sqrt{2\pi}} e^{-\frac{1}{2}t^2} \tag{3}$$

正如 Silverman（1986）指出的，在大样本的情况下，窗口宽度的选择对估计量有影响。用于核密度估计的窗口宽度选择的重要性大于核函数的重要性，因为它确定核密度估计的精度和核密度图的平滑度。在本研究中，窗口宽度的选择由下式给出：

$$h = 0.9SN^{-0.8} \tag{4}$$

式中，N 表示样本数，S 表示样本标准偏差。

3. 非期望产出的 SBM 模型

空间计量经济学理论认为，经济地理现象或某一属性与邻近地区的空间单位相关（Anselin et al, 1996；Anselin, 2013）。空间相关效应可以通过空间滞后模型（空间滞后模型，SLM）（Kelejian, 2007），空间误差模型（空间误差模型，SEM）和空间 Durbin 模型（空间杜宾模型，SDM）。空间 Durbin 模型考虑变量的空间相关性和变量之间的空间相关性。空间 Durbin 计量模型的面板数据公式如下：

$$Y = \rho WY + X\beta + WX\theta + \varepsilon \tag{5}$$

式中，Y 表示水资源利用效率，W 表示空间权重矩阵，X 表示影响水资源利用效率的因素,WX 表示影响水资源利用效率延迟项的因素,ε 表示时间随机扰动项。SDM 参数定义通过偏移给出(LeSage et al,2008)。LeSage 和 Pace (2008)以偏导数矩阵的形式提供了计量经济学 SDM 的参数的解释,并提出了平均总效应,平均直接效应和平均间接效应的定义。等式(5)还以以下形式表示:

$$S_r(W)=V(W)(I_n\beta_r+W\theta_r),V(W)=(I_n-\rho W)^{-1} \tag{6}$$

这个公式可以展开为:

$$\begin{pmatrix}Y_1\\Y_2\\\vdots\\Y_4\end{pmatrix}=\sum_{r=1}^{k}\begin{pmatrix}S_r(W)_{11}&S_r(W)_{12}&\cdots&S_r(W)_{1n}\\S_r(W)_{21}&S_r(W)_{22}&\cdots&S_r(W)_{2n}\\\vdots&\vdots&\vdots&\vdots\\S_r(W)_{n1}&S_r(W)_{n1}&\cdots&S_r(W)_{m}\end{pmatrix}\begin{pmatrix}x_{1r}\\x_{2r}\\\vdots\\x_{nr}\end{pmatrix}+V(W)\varepsilon \tag{7}$$

平均总、直接和间接效应可以从方程(7)获得:

$$\overline{M}(r)_{总效应}=n^{-1}l_n^{-1}S_r(W)l_n \tag{8}$$

$$\overline{M}(r)_{直接效应}=n^{-1}tr(S_r(W)) \tag{9}$$

$$\overline{M}(r)_{间接效应}=\overline{M}(r)_{总效应}-\overline{M}(r)_{直接效应} \tag{10}$$

$\overline{M}(r)_{总效应}$、$\overline{M}(r)_{直接效应}$、$\overline{M}(r)_{间接效应}$,分别表示总效应、直接效应和间接效应,$l_n=(1,\cdots,1)^{\mathrm{T}}_{1\times n}$。

4. 空间权重矩阵

本研究使用基于距离的权重矩阵来显示空间单位距离的函数,并基于距离定义权重。也就是说,如果任何两个区域或国家的多边形几何中心的直线距离 d 在该范围内,则将其定义为值 1,否则为 0。这种权重矩阵更适合于对多边形的大小不均匀区域的研究,例如具有大的多边形周边和小的多边形中心的研究区域。基于距离的权重定义如下:

$$W_{ij}=\begin{cases}1,&(i=j);\\0,&(i\neq j).\end{cases} \tag{11}$$

式中,i,j 分别表示空间节,$i,j\in[1,n]$,n 表示空间节的数量。

使用由 Anselin 设计的 GeoDa 软件,我们设置参数之间的距离为 d,使每个区域有一个相邻矩阵,并反映两个基本条件的最大值的空间自相关。我们获得了作为 31 个区域的相邻矩阵的权重的信息。

5. 投入和产出指标（参见表 1）

表 1　投入产出指标体系

评价内容	投入指标	产出指标
水资源经济效率（EEWU1）	水足迹、劳动力、社会固定资产	90 基期 GDP
水资源环境效率（EEWU2）	水足迹、劳动力、社会固定资产	90 基期 GDP 灰水足迹
水资源绿色效率（GEWU）	水足迹、劳动力、社会固定资产	90 基期 GDP 社会发展指数（SDI）灰水足迹

　　水足迹代表水资源投入量。有些学者用国内用水量、生产用水量、总用水量或人均用水量代替水资源投入量。由于水足迹反映了给定人口所消费的产品和服务所需的水资源量，它维持人类消费的商品和服务所需的真实水资源总量，反映了社会经济生态系统的真实用水量。因此，本文选择水足迹作为水资源的投入量；固定资产投资（1990 年作为基期）表示资本因素；实际生产过程的员工总数表示劳动力。

　　对于产出指标，不同学者选择了不同的标准，如选择粮食生产量作为产出来衡量水资源利用效率，但大多数研究使用 GDP 作为产出。本文将 GDP 作为期望产出（1990 年作为基期）。随着经济生产过程的负面影响越来越严重，一些学者（马海良等，2012b；孙才志等，2014；赵良仕等，2014）将负面影响纳入水资源利用效率的评估中，例如工业水污染、农业水污染和灰水足迹。灰水足迹是工业、农业和家庭灰水足迹的总量，是稀释由社会经济系统排放以满足相关水质标准的污染物所需的水量。在本研究中，将灰水足迹作为非期望产出。结合当前社会发展和社会结构逐步优化以及社会生活质量提高的现实，经济社会的发展对水资源利用效率提出了更高的要求。因此，本研究将社会维度指标纳入评价系统，进一步测算水资源利用效率。

　　社会发展指数（朱庆芳，2001）（Society Development Index，简称 SDI）：为了客观、全面、科学地反映地区经济社会发展和民生改善情况，在遵循社会发展规律的基础上，本文选取能够对社会发展情况进行评价和分析的指标体系（2000—2014 年），把它作为衡量社会维度的标准，其指标体系如表 2 所示，本文把它作为期望产出，其计算公式如下：

$$G = \frac{1}{n}\sum x_{ij} \tag{14}$$

式中：x_{ij} 为某年区域系统评价指标原始数据的归一化值，n 为指标的数量，G

为某年的区域系统社会发展状态的指数值。G 值越大,社会发展能力就越强,反之越弱。

上述所构建的指标体系其数据处理需要进行高优指标和低优指标的区分,然后进行归一化处理。在社会维度评价指标中,城市化水平、政府对科教的重视程度、高素质人口比例、医疗资源占有情况,这些指标的合理增加有利于社会的进步和发展,本文列其为高优指标;人口情况越合理,则社会发展能力越强,本文列其为低优指标。高优指标和低优指标的归一化公式如下:

①高优指标归一化方法

$$x'_{ij} = x_{ij}/\max(x_i) \times 100\% \tag{15}$$

②低优指标归一化方法

$$x'_{ij} = \min(x_i)/x_{ij} \times 100\% \tag{16}$$

式中:x_{ij} 是第 i 项指标的第 j 年原始数值,x'_{ij} 为 x_{ij} 的归一化值,x_i 代表第 i 项指标在研究期间的所有原始数据,$\max(x_i)$ 是第 i 项指标在研究期间的所有原始数据最大值,$\min(x_i)$ 是第 i 项指标在研究期间的所有原始数据最小值。

表 2 社会维度的指标体系

目标层	一级指标	二级指标	指标类型
社会发展指数	人口合理度 x_1	人口自然增长率	低优指标
	城市化水平 x_2	非农业人口比例	高优指标
	政府对科教的重视程度 x_3	科教事业费占财政支出比例	高优指标
	高素质人口比例 x_4	大专以上文化程度占总人口比例	高优指标
	医疗资源占有情况 x_5	每万人口医生数	高优指标

四、结果与分析

1. 水资源利用效率的核密度分析

根据省际水资源利用效率,本文运用核密度估计得出我国 31 个省区市 2000—2014 年水资源利用效率分布情况,见表 3 及图 1。图 1 中的横轴表示水资源利用效率,纵轴表示核密度。图中给出了 2000 年、2007 年、2014 年的 Kernel 密度图,这三年的核密度图大致解释了 31 个省区市水资源利用效率的演进状况,其分布演进具有以下几个明显特征:

表3　2000—2014 年 31 个省区市水资源利用效率

	2000	2007	2014	平均
北　京	0.313/0.152/0.487	0.485/0.327/1.000	0.715/0.744/1.000	0.476/0.368/0.883
天　津	0.265/0.157/0.648	0.539/0.355/1.000	1.000/1.000/1.000	0.614/0.446/0.932
河　北	0.215/0.107/0.133	0.406/0.206/0.212	0.681/0.364/0.300	0.416/0.214/0.211
山　西	0.153/0.080/0.189	0.317/0.173/0.271	0.489/0.288/0.336	0.306/0.170/0.263
内蒙古	0.200/0.098/0.220	0.508/0.258/0.338	1.000/1.000/1.000	0.538/0.331/0.419
辽　宁	0.178/0.101/0.159	0.371/0.198/0.216	0.670/0.379/0.312	0.397/0.216/0.227
吉　林	0.167/0.086/0.196	0.319/0.166/0.262	0.625/0.336/0.364	0.351/0.184/0.265
黑龙江	0.158/0.079/0.139	0.283/0.143/0.195	0.499/0.255/0.267	0.305/0.153/0.197
上　海	0.381/0.192/0.390	0.711/0.427/0.536	1.000/1.000/1.000	0.718/0.533/0.643
江　苏	0.229/0.121/0.131	0.466/0.264/0.223	0.839/0.559/0.305	0.485/0.291/0.217
浙　江	0.241/0.133/0.154	0.496/0.296/0.289	0.788/0.561/0.405	0.491/0.311/0.280
安　徽	0.176/0.082/0.122	0.310/0.149/0.183	0.572/0.296/0.281	0.333/0.164/0.190
福　建	0.284/0.144/0.206	0.544/0.288/0.319	1.000/1.000/1.000	0.579/0.366/0.403
江　西	0.189/0.082/0.162	0.341/0.153/0.236	0.614/0.294/0.330	0.363/0.167/0.238
山　东	0.223/0.113/0.118	0.453/0.243/0.197	0.813/0.483/0.271	0.474/0.261/0.195
河　南	0.179/0.081/0.105	0.330/0.156/0.167	0.574/0.283/0.250	0.342/0.164/0.170
湖　北	0.218/0.101/0.155	0.389/0.190/0.225	0.737/0.386/0.337	0.421/0.211/0.232
湖　南	0.187/0.083/0.126	0.320/0.151/0.186	0.564/0.292/0.272	0.340/0.165/0.189
广　东	0.230/0.129/0.132	0.482/0.282/0.229	0.777/0.508/0.280	0.480/0.291/0.215
广　西	0.281/0.113/0.180	0.537/0.221/0.288	0.999/0.726/1.000	0.572/0.266/0.362
海　南	0.147/0.078/0.332	0.263/0.143/0.536	0.423/0.239/0.679	0.268/0.147/0.527
重　庆	0.187/0.094/0.221	0.366/0.188/0.276	0.814/0.447/0.449	0.418/0.220/0.283
四　川	0.199/0.094/0.110	0.359/0.181/0.190	0.711/0.372/0.286	0.395/0.200/0.194
贵　州	0.155/0.064/0.163	0.289/0.120/0.257	0.538/0.239/0.367	0.303/0.130/0.255
云　南	0.151/0.072/0.132	0.235/0.117/0.184	0.467/0.237/0.275	0.260/0.129/0.189
西　藏	0.110/0.055/0.376	0.208/0.105/0.575	0.373/0.191/1.000	0.218/0.110/0.612
陕　西	0.123/0.062/0.147	0.234/0.121/0.205	0.465/0.257/0.282	0.258/0.137/0.210
甘　肃	0.128/0.062/0.174	0.224/0.113/0.249	0.397/0.205/0.323	0.236/0.119/0.246
青　海	0.111/0.058/0.338	0.216/0.112/0.486	0.402/0.227/1.000	0.230/0.124/0.600
宁　夏	0.101/0.052/0.278	0.183/0.093/1.000	0.319/0.167/1.000	0.192/0.099/0.783
新　疆	0.144/0.070/0.209	0.235/0.114/0.263	0.424/0.199/0.315	0.251/0.120/0.259
最大值	0.381/0.192/0.648	0.711/0.427/1.000	1.000/1.000/1.000	0.691/0.596/0.824
最小值	0.101/0.052/0.105	0.183/0.093/0.167	0.319/0.167/0.250	0.210/0.110/0.177
平均数	0.194/0.097/0.214	0.368/0.173/0.348	0.654/0.437/0.525	0.388/0.220/0.351
中位数	0.187/0.086/0.163	0.341/0.173/0.257	0.625/0.336/0.336	0.401/0.211/0.262
基尼系数	0.064/0.033/0.123	0.127/0.083/0.243	0.210/0.264/0.318	0.133/0.105/0.217
变异系数	0.327/0.345/0.577	0.344/0.424/0.697	0.320/0.604/0.605	0.336/0.480/0.619

　　注:限于页面宽度,仅列出了部分年份的评价结果;第一列是水资源经济效率,第二列是水资源环境效率,第三列是水资源绿色效率;平均值为 2000—2014 年逐年的算术平均值。

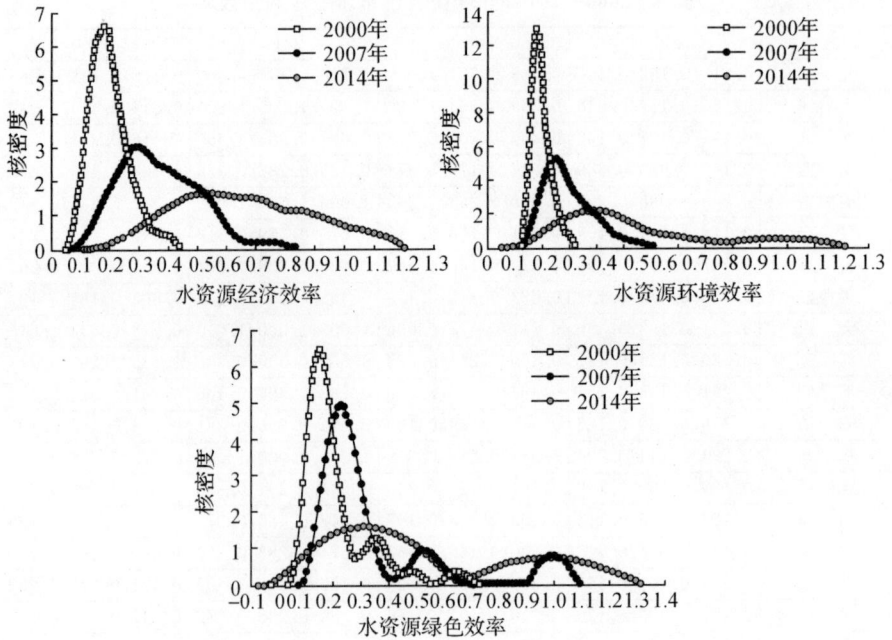

图 1 我国 31 个省区市水资源利用效率的核密度分析图

　　首先从形状上来看,水资源经济效率呈现出单峰形状,表现为收敛态势。2000 年,峰度态势均衡,水资源利用效率较高。随着时间的变化,峰值逐渐下落,地区差异明显,到 2014 年达到较低水平,说明水资源利用效率逐渐降低。水资源环境效率也呈现出收敛态势,2000 年整体的单峰形状较高,2007 年逐步降低,2014 年降到最低,密度函数曲线左拖尾移动距离小于右拖尾,说明水资源利用效率较低的地区所占的比重不断减少,水资源利用效率较高的地方所占的比重增加。水资源绿色效率呈现出多峰分布到双峰分布的态势,说明水资源绿色效率分布呈现出多极分布到两极分布的态势。在 2000 年,第一个峰对应的核密度值较大,其他峰对应的核密度值较小,说明水资源绿色效率高值地区所占的比重大于水资源绿色效率低值地区所占的比重,整体利用效率相对较高。随着时间的推移,到 2007 年,第一个峰逐渐下降,其他的峰逐渐升高,到 2014 年呈现出双峰态势,左峰高于右峰,说明水资源绿色效率高值地区所占的比重小于水资源较低的地区,水资源绿色效率呈现下降趋势。

　　从峰度上看,在 2000—2014 年间,水资源经济效率和水资源环境效率出现了下降的变化趋势。同 2000 年相比,2007 年核密度图的波峰高度下降,各省市水资源绿色效率的地区差距变大;随着时间的推进,2014年波峰高度明显下降,差距变大,同时右拖尾面积增大,说明我国水资源利用效率低的地区的数量高于水资源利用效率较高地区的数量。水资源绿色效率出现多极分化趋势,并且总体上呈现出下降的趋势,到2014年出现两极分化的趋势。在2014年右峰的核密度比左峰的小,说明水资源效率高的地方比水资源效率低的地方所占的比重小,但是,水资源利用率整体较低。

从位置上来看,2000—2014年,我国水资源利用效率的密度分布曲线中心呈现向右移的趋势,波峰对应的水资源利用效率逐渐提高,整个区域已经形成了快速全面的提升格局,特别是从2007年到2014年,向右平移幅度加大,增速明显。

2. 溢出效应分析

(1)空间计量模型的确定和变量的选择(参见表4、表5)

表4　检验结果

	EEWU1		EEWU2		GEWU	
	t	p	t	p	t	p
Wald_spatial_lag	274.1524	0.0000	167.7370	0.0000	21.5900	0.0103
LR_spatial_lag	212.5122	0.0000	140.9334	0.0000	24.1050	0.0041
Wald_spatial_error	271.7169	0.0000	170.3844	0.0000	21.2988	0.0114
LR_spatial_error	207.8984	0.0000	145.7606	0.0000	23.3620	0.0054

表5　变量的指标体系

代理变量	一级指标	二级指标
red	经济发展水平	人均GDP
fdi	外资投资环境	外商直接投资
re	资源禀赋	总降水量
md	市场化程度	各地区进出口贸易总额占生产总值的比重
is	产业结构	第三产业产值占地区生产总值的比重
gov	政府重视程度	科教经费占财政支出的比重
er	宏观环境政策	各地区污染治理投资占生产总值的比重
avr	用水指标	人均用水量
agr		农业用水比重

空间相关性检验结果表明,我国31个省区市的水资源利用效率的Moran I值不为零,拒绝具有随机效应的零假设。此外,通过似然比(LR)和Wald统

计检验来测试自变量的空间效应的存在,以确定 SDM 是否可以简化为 SLM 或 SEM,然后可以确定空间计量经济学模型的应用。原始假设被 1‰水平的 Wald_ spatial_ lag 和 LR_ spatial_ lag 的值以及 Wald_ spatial_ error 和 LR_ spatial_ error 的值拒绝。因此,对于 UEWR,SDM 模型更合理。进行 Hausman 检验,回归模型拒绝零假设(具有随机效应),显示应使用固定模型。

(2)结果分析

表 6　解释变量的总效应、直接效应和间接效应

变量	总效应			直接效应			间接效应		
	EEWU1	EEWU2	GEWU	EEWU1	EEWU2	GEWU	EEWU1	EEWU2	GEWU
red	0.37*** (3.12)	0.02 (0.14)	0.04 (0.14)	0.87*** (14.84)	0.54*** (5.82)	0.19 (1.36)	0.51*** (4.62)	0.56*** (3.68)	0.23 (0.95)
fdi	0.12*** (3.78)	0.10** (2.35)	0.06 (0.96)	−0.02 (−1.45)	−0.02*** (−1.30)	−0.03 (−1.32)	0.13*** (4.81)	0.12*** (3.11)	0.10 (1.64)
re	0.01 (0.33)	0.05** (1.12)	0.05 (0.84)	0.02 (0.88)	0.00 (0.09)	0.02 (0.40)	0.01 (0.29)	0.04** (1.09)	0.07** (1.13)
md	9.46*** (7.45)	9.61*** (5.72)	−0.17 (−0.06)	4.15*** (5.90)	5.74** (5.56)	2.08 (1.28)	5.31*** (4.14)	3.87*** (2.22)	−2.25 (−0.77)
is	0.01*** (8.70)	0.02*** (7.96)	0.00** (1.09)	0.00 (0.71)	0.00*** (1.49)	0.00 (0.06)	0.01*** (8.77)	0.02*** (7.52)	0.00 (1.07)
gov	0.17** (2.56)	0.09 (0.99)	0.06 (0.40)	0.03 (0.84)	0.02 (0.36)	0.07 (0.96)	0.14** (2.43)	0.07 (0.92)	0.12 (1.00)
er	0.01 (0.88)	0.01 (0.49)	0.03* (1.38)	0.00 (0.38)	0.01 (0.93)	0.02* (1.92)	0.01 (0.74)	0.00 (0.04)	0.01* (1.36)
avr	−0.17 (−1.58)	−0.72*** (−5.18)	−0.64*** (−2.93)	−0.07 (−1.22)	−0.34*** (−4.38)	−0.46*** (−3.72)	−0.10 (−0.96)	−0.38** (−2.70)	−0.18 (−0.82)
agr	−0.38*** (−3.11)	−0.54*** (−3.05)	−1.07*** (−4.07)	−0.36*** (−5.85)	−0.46 (−5.04)	0.06 (0.43)	−0.01 (−0.09)	−0.08 (−0.46)	−1.01*** (−4.02)
b	0.10***			0.13**			0.15***		
R2	0.96			0.89			0.89		
likelihood	863.72			699.40			513.03		

注:*** 表示显著水平为 1%,** 表示显著水平为 5%,* 表示显著水平为 10%。在上面的表中是系数,其下面是 T 统计量。

通常,区域经济发展会刺激水资源利用效率的提高。因此,从总效应、直接和间接效应的角度来看,区域经济发展对水资源经济效率和水资源环境效率具有积极影响,这与赵良仕等(2014)、陈关聚等(2013)的研究结果一致。根据表 6,区域经济发展对水资源绿色效率的回归系数较小,间接效应和总效应不显著为正,但直接效应是显著的。经济发展为水资源生产活动提供了原动力,以固有的资本资源为支撑,促进正常的水资源活动和水资源的生产以增加必要的资本积累。与此同时,经济发展有利于增强个人的消费能力和购买力,为水资源行业相关企业提供更广阔的市场空间,有助于刺激大规模的资本投

资,提高相关产业的竞争力。这将有助于提高本地区的水资源利用效率,提高邻近地区的水资源利用效率,最终带动整体水资源利用效率的提高。

外商直接投资(FDI)在总效应、直接效应和间接效应对水资源利用效率具有不同的影响。从总效应的角度来看,FDI对水资源经济效率、水资源环境效率和水资源绿色效率有积极影响。从直接效应的角度来看,FDI对水资源利用效率有负面影响,其中,对水资源环境效率的负面影响显著。从间接效应的角度来看,FDI对水资源经济效率,水资源环境效率和水资源绿色效率有积极影响,但水资源绿色效率的积极影响不显著。一方面,外商直接投资可以刺激当地经济发展,这一发现可以通过间接效应反映在水资源利用效率领域。另一方面,基于外商直接投资对中国区域经济增长影响的研究发现,外商直接投资造成了区域经济差距,这在很大程度上是由于区域循环和积累效应的存在引起的,这提供了外商直接投资对水资源利用效率产生的负面影响的合理解释。在一定程度上,外商直接投资是水资源利用效率的主要驱动力,因此,可以在提高水资源利用效率中充分发挥外商直接投资的重要作用。

资源禀赋对水资源利用效率有影响,这在以前的研究中已被验证(赵良仕等,2014)。在本研究中,从间接效应来看,总降水量对水资源环境效率有显著影响,总降水量的增加可以刺激水资源利用效率增长,但不能增强局部区域的水资源利用效率。从直接效应和总效应来看,总降水量对水资源环境效率略有影响,表明各省市水资源开发水平较低,需要从节水和经济发展的角度,充分利用水资源禀赋条件,提高用水效率。

从传统意义上讲,市场化程度应该随着经济增长而增加,并且可以带来水资源利用效率的提高。这与赵良仕等(2014)的研究相类似。从总效应的角度来看,市场化程度对水资源经济效率和水资源环境效率有积极影响,对水资源绿色效率有负面影响,但不显著;从直接效应的角度来看,市场化程度对水资源经济效率和水资源环境效率有积极影响,对水资源绿色效率有负面影响,但不显著。从间接效应的角度来看,市场化程度对水资源经济效率和水资源环境效率有积极影响,对水资源绿色效率有负面影响,但不显著。这与钱争鸣等(2014)的研究结果类似。水资源经济效率和水资源环境效率的市场利用率低,市场化程度高可以促进水资源相关产业活动的全面推广。对于水资源绿色效率,它可以增强局部区域的水资源利用效率,但不能推进区域水资源利用效率增长的速度。

产业结构溢出效应的结果很有趣。从总效应的角度来看,工业结构对水资源经济效率、水资源环境效率和水资源绿色效率具有积极影响,系数显著为正;从直接效应的角度来看,工业结构对水资源环境效率具有显著积极影响,对水资源经济效率和水资源绿色效率的影响不显著;从间接效应的角度来看,工业结构对水资源经济效率和水资源环境效率具有积极影响,其效应显著,对水资源绿色效率的影响不显著。这表明产业结构在改善当地水资源利用效率方面具有重要作用。这与陈关聚等(2013)的研究结果类似。而且,产业结构的改善在一定程度上提高了水资源的效率,但未能达到预期的效果,同时,它不能带来直接的区域利润。产业结构的合理化可以推动工业元素的聚集,有效参与经济活动可以增加竞争力,在增加投资的基础上实现持续稳定的发展。有鉴于此,要想提高水资源利用效率,必须加快产业结构的调整。

政府重视程度高对水资源经济效率有显著的积极影响,并对水资源环境效率和水资源绿色效率有较好的积极影响。科学和教育资金的投入可以提高社会发展水平,这反过来将推动水资源利用效率的改进。这与赵良仕等(2014)、陈关聚等(2013)、钱争鸣等(2014)的研究结果类似。

环境规制对水资源利用效率的估计系数为正,表明环境调节与水资源利用效率之间存在正相关关系。这与钱争鸣等(2014)的经济效率研究类似,并与 Porter(1991)的结论相似。这说明环境规制达到了预期效果。可能的原因是,多年来,各省之间的污染控制投资总额占 GDP 总量的比例增加,同时,相关部门对水资源利用效率问题的重视,以及相应环境政策科学分析取得的进展,迫使环境规制的实施产生了政策响应。但是,环境污染对水资源利用具有很强的外部性。因此,在污染控制和节能减排方面处于被动的水资源产业,对周边地区的影响较小,不利于水资源的综合利用,从而减弱了环境规制的作用,这为环境规制对水资源利用效率的估计系数为正但不显著提供了科学依据。

从溢出效应的影响结果来看,人均用水量对水资源经济效率、水资源环境效率和水资源绿色效率具有负面影响,虽然系数小,但相关性较为显著,这与赵良仕等(2014)、陈关聚等(2013)的研究结果类似。高人均用水量的原因是节水意识不强和浪费现象普遍。合理的人均用水量有利于该地区的用水效率的提高,并为周边地区用水效率的提高带来好处。因此,需要提升节约用水的意识,进一步探索水资源利用效率的节水机制。一些有效的节水激励机制是水资源可持续利用的重要条件,也是保证农业节水的重要手段。

农业发展正在进入一个新的阶段,因为农业用水量在总用水量中所占的比例较大,并且农业用水比例对水资源绿色效率、水资源经济效率和水资源环境效率有显著的负面影响,这与赵良仕等(2014)的研究结果相悖,但与孙才志等(2014)的研究结果相一致。一方面,通过增加其他用途的水资源消耗量,减少农业用水量占总用水量的比例,可进一步提高全国水资源综合利用效率。另一方面,通过保持农业用水消耗比例不变,我们可以探索新技术,提高农业用水利用率,为进一步发展水资源综合利用奠定坚实的基础。

五、结 论

基于 2000—2014 年我国 31 个省区市的面板数据,本研究进行了水资源利用效率测度,并在此基础上对水资源利用效率进行了核密度分析和空间溢出分析,结论如下:

根据 2000—2014 年的面板数据和 DEA 模型的测量结果,将水资源的绿色效率与水资源经济效率和水资源环境效率进行了比较。结果表明,三种情形下的水资源利用效率存在下降趋势。核密度估计结果表明水资源经济效率和水资源环境效率呈现收敛趋势,区域差距逐渐扩大,分布趋于分散;水资源绿色效率的区域差距逐渐扩大,但是区域内的差异变小。

从空间 Durbin 计量模型的测试结果来看,空间自回归系数 ρ 通过了显著性检验,表明中国水资源利用效率存在空间溢出效应,即影响水资源利用效率的因素对本地区或者邻近地区存在正向或负向的影响。结果表明,水资源绿色效率可以使水资源利用效率的不均匀现象最小化。由总效应、直接效应和间接效应的估计结果来看,空间溢出效应对水资源利用效率的影响可以分为积极影响和负面影响,因此,我们需要综合考虑区域之间影响水资源利用效率的因素,我们不能单纯追求 GDP 的增长,忽视其他影响因素对水资源利用效率的影响;既需要考虑影响本地区影响水资源利用效率的因素,也要考虑影响临近地区影响水资源利用效率的因素。

结果表明,空间溢出效应有助于提升总体的水资源利用效率。区域经济发展状况、市场经营环境、政府关注程度、环境调节、工业用水比例和农业用水比例可以影响水资源的利用效率,这些要素的合理增长可以改善中国各个省区市的水资源利用效率,缩小中国各省区市之间水资源利用效率的差距。

参考文献

[1] 陈关聚,白永秀. 基于随机前沿的区域工业全要素水资源效率研究[J]. 资源科学,2013(8):1593-1600.

[2] 陈家琦,王浩,等. 水资源学[M]. 北京:科学出版社,2013.

[3] 董战峰,喻恩源,裘浪,葛察忠. 基于 DEA 模型的中国省级地区水资源效率评价[J]. 生态经济,2012(10):43-47.

[4] 方诗标,贾仁甫,方诗彬,沈杰. 城市生活用水效率驱动因子及调控研究[J]. 人民黄河,2013(3):47-50.

[5] 姜蓓蕾,耿雷华,卞锦宇,等. 中国工业用水效率水平驱动因素分析及区划研究[J]. 资源科学,2014(11):2231-2239.

[6] 李静,马潇璨. 资源与环境双重约束下的工业用水效率——基于 SBM-Undesirable 和 Meta-frontier 模型的实证研究[J]. 自然资源学报,2014(6):920-933.

[7] 廖虎昌,董毅明. 基于 DEA 和 Malmquist 指数的西部 12 省水资源利用效率研究[J]. 资源科学,2011(2):273-279.

[8] 刘涛. 中国农业生态用水效率的空间差异与模式分类[J]. 江苏农业科学,2016(7):443-446.

[9] 马海良,黄德春,张继国,田泽. 中国近年来水资源利用效率的省际差异:技术进步还是技术效率[J]. 资源科学,2012a(5):794-801.

[10] 马海良,黄德春,张继国. 考虑非合意产出的水资源利用效率及影响因素研究[J]. 中国人口·资源与环境,2012b(10):35.

[11] 马建堂. 2012 中国绿色发展指数报告[M]. 北京:北京师范大学出版社,2012.

[12] 钱争鸣,刘晓晨. 资源环境约束下绿色经济效率的空间演化模式[J]. 吉林大学社会科学学报,2014(5):31-39,171-172.

[13] 沈满洪,陈庆能. 水资源经济学[M]. 北京:中国环境科学出版社,2008.

[14] 孙才志,李红新. 辽宁省水资源利用相对效率的时空分异[J]. 资源科学,2008(10):1442-1448.

[15] 孙才志,赵良仕,邹玮. 中国省际水资源全局环境技术效率测度及其

空间效应研究[J].自然资源学报,2014(4)：553-563.

[16] 许朗,黄莺.农业灌溉用水效率及其影响因素分析——基于安徽省蒙城县的实地调查[J].资源科学,2012(1):105-113.

[17] 岳立,赵海涛.环境约束下的中国工业用水资源效率研究——基于中国 13 个典型工业省区 2003—2009 年数据[J].资源科学,2011(11)：2071-2079.

[18] 赵良仕,孙才志,郑德凤.中国省际水资源利用效率与空间溢出效应测度[J].地理学报,2014(1)：121-133.

[19] 中华人民共和国国家统计局.中国统计年鉴 2015[M].北京:中国统计出版社,2015.

[20] 朱庆芳.衡量城市经济社会发展的新指标体系[J].中国经贸导刊,2001(13)：11.

[21] Anselin L，Bera A K，Florax R，et al. Simple diagnostic tests for spatial dependence [J]. Regional Science and Urban Economics, 1996, 26(1)：77-104.

[22] Anselin L. Spatial Econometrics：Methods and Models [M]. Springer Science & Business Media，2013.

[23] Charnes A. Cooper W. Roodes. Measuring the efficiency of decision making units [J]. European Journal of Operational Research, 1978，2(6):429-444.

[24] Dhehibi B, Lachaal L, Ellourni M. Measuring irrigation water use efficiency using stochastic production. Frontier：An application on citrus producing farms in Tunisia [J]. African Journal of Agricultural and Resource Economics，2007，1(2)：1-15.

[25] Jones M C，Marron J S，Sheather S J. A brief survey of bandwidth selection for density estimation [J]. J. Am. Stat. Assoc. 1996(91)，401-407.

[26] Kaneko S，Tanaka K，Toyota T. Water efficiency of agricultural production in china：regional comparison from 1999 to 2002[J], International Journal of Agricultural Resources，Governance and Ecology，2004，3(3-4)：213-251.

[27] Karagiannis G，Tzouvelekas V，Xepapadeas A. Measuring irrigation water efficiency with a stochastic production frontier [J]. En-

vironmental and Resource Economics, 2003, 26(1):57-72.

[28] Kelejian H H, Prucha I R. The relative efficiencies of various predictors in spatial econometric models containing spatial lags [J]. Regional Science and Urban Economics, 2007, 37(3): 363-374.

[29] LeSage J P, Pace R K. Spatial econometric modeling of origin-destination flows [J]. Journal of Regional Science, 2008, 48(5): 941-967.

[30] LeSage J P, Pace R K. Introduction to Spatial Econometrics [M]. New York: CRC Press, 2009, 27-41.

[31] Omnezzine A, Zaibet L. Manangement of modern irrigation systems in Oman: Allocative vs. Irrigation efficiency [J]. Agricultural Water Manangement, 1998, 37(2): 99-107.

[32] Porter M E, America's green strategy [J]. Scientific American, 1991, 264(4): 168.

[33] Sun C Z, Liu W X, Zou, W. Water poverty in urban and rural China considered through the harmonious and developmental ability model [J]. Water Resources Management, 2016, 30(7): 2547-2567.

[34] Scheel H. Undesirable outputs in efficiency valuations [J]. European Journal of Operational Research, 2001, 132(2): 400-410.

[35] Silverman B W. Density Estimation for Statistics and Data Analysis [M]. CRC Press, 1986.

[36] Tong T, Yu T H E, Cho S H, et al. Evaluating the spatial spillover effects of transportation infrastructure on agricultural output across the United States [J]. Journal of Transport Geography, 2013(30): 47-55.

图书在版编目（CIP）数据

中国绿色低碳转型发展 / 郭苏建,周云亨主编.
—杭州：浙江大学出版社,2017.10
　ISBN 978-7-308-17396-4

　Ⅰ.①中… Ⅱ.①郭… ②周… Ⅲ.①绿色经济—经
济发展—研究—中国 Ⅳ.①F124.5

中国版本图书馆 CIP 数据核字（2017）第 221756 号

中国绿色低碳转型发展

郭苏建　周云亨　主编

责任编辑	余健波
责任校对	杨利军　王安安
封面设计	周　灵
出版发行	浙江大学出版社
	（杭州市天目山路 148 号　邮政编码 310007）
	（网址：http://www.zjupress.com）
排　　版	杭州好友排版工作室
印　　刷	杭州日报报业集团盛元印务有限公司
开　　本	710mm×1000mm　1/16
印　　张	10.25
字　　数	184 千
版 印 次	2017 年 10 月第 1 版　2017 年 10 月第 1 次印刷
书　　号	ISBN 978-7-308-17396-4
定　　价	35.00 元